HƏLLAC MƏNSUR

Ənə-l Həqq
Qədim Bilgi

Çevirən: Ayişə Nəbi

Kövsər Yaşıldaş

Designed, Published and Distributed by Bookcity.Co
www.bookcity.co
Translated by Ayişə Nəbi

Bookcity.Co

ISBN: 978-1-912311-18-7

Həqq könüllərə

İçindəkiler

ƏNƏ-L HƏQQ QƏDİM BİLGİ

Təqdim

Bu kitabda yazılanlar, 900-cü illərdə Həllac Mənsur tərəfindən söylənən, ancaq başa düşülməyən, başa düşülmədiyi üçün də fərqli şəkillərdə yozulan, dünyanın bir çox yerinə yayılaraq məşhurlaşmış "I am the Truth, Ənə'l Həqq, Ana'l Haqq, Ben Hakk'ım" sözünün açıqlamasıdır.

Bu söz bütün zamanlara vurulmuş bir möhür xüsusiyyəti daşıyır. Hələ də indiyə qədər bu sözdən daha üstün bir söz deyilməmişdir.

Mən Həqqəm!

Bu, kvant fəlsəfəsi və düşüncə tarixinin, hardasa, təmə lini təşkil edən, kvant fizikası ilə bir-birini tamamlayan bir deyimdir.

Bu söz açıq mənasından daha çox, dərin bir məna ifadə edir.

Buna görə də Ənə-l Həqq sözü həm dini, həm təsəvvüf, həm də elmi mənada işlənən bir ifadədir.

Bu kitabda siz Ənə-l Həqq mənasının dərin açıqlamalarını tapacaqsınız.

Həllac Mənsur **Ənə-l Həqq** dedi və bütün zamanlara səsini eşitdirdi. Onun səsi bizim könlümüzdə də əks-səda verdi.

Siz də bu kitabın hər sətrində Həllac Mənsurun səsini eşidəcəksiniz.

O səsi dinləyin. O sizə çox şey deyəcək.

Giriş

Mən hələ 12 yaşında ikən İzafilik nəzəriyyəsinin iş prinsipini dərk etmiş bir adamam. Albert Eynşteynə heyran idim. Eynşteynin Birləşmiş sahə nəzəriyyəsinin mənin ruhuma çox xeyri dəydi. Daha sonra Kvant fizikası və fəlsəfəsi üzərində araşdırmalar apardım. İllər sonra Həllac Mənsurun kitabını yazdığım zaman hiss etdiyim ilhamlar, əslində, belə bir gerçəyə işıq saldı: sən demə, Ənə-l Həqq **anlayışı, Kvant qanunu ilə üst-üstə düşürmüş.**

Mən sizə bu kitabda Həllac Mənsurdan və onun fəlsəfəsindən danışacağam. Eləcə də, onun Kvant qanunu ilə oxşar nöqtələrinə toxunacağam.

Həllac Mənsur, haqqında ən az bilgiyə sahib olduğumuz bir insandır.

O, Ənə-l Həqq dedi, aşiqlərə işıq oldu, şüurlardan yüksələn yeni bilgilər yağış olub yağdı, torpağa axdı. Şüurlar yenidən canlandı və varlıqları bəslədi.

Həllac Mənsur, fəlsəfənin dərinliyini qavradı və parçaları birləşdirdi. Üstün elmi ilə anlayışları yenidən mənalandırdı, mənaya dərinlik verdi, çəkirdəyi nüvəsindən ayırdı, döydü, çör- çöpünü küləkdə sovurdu, toxumu torpağa əkdi. Bax, o toxum cücərib şüurlarda yenidən şəkilləndi.

Onu hamı öz adı ilə tanımasa da, Ənə-l Həqq deyən adam deyildiyində ağla gələn, bir sözü ilə bir deyil, sayısız kitablar yazdıracaq məna daşıyan bir anlayışa sahib olan eşq və haqq şəhidi. Belə bir insanın kitabını qələmə almaq fikrinə gələndə təşvişə düşdüm, amma yazmaqdan deyil, məndəki bu hal ona layiq ola bilməmək halı idi.

Yatdım. Neçə qat keçdim bilmirəm, hər birində kiçik bir otaq, hər birində kiçik bir otaq, ən axırda bir otaq, bardaş qurub oturur Həllac Mənsur. Yanına getdim, yeridimmi, uçdummu bilmirəm, bilmədiyim bir hal içindəydim. O, "Sənə yazmağa izin verirəm", dedi.

Sabahı gün səhər ertə 3 dəfə qulağıma pıçıldayan bir səs eşittim. "Mənim ümmətim", "mənim ümmətim", "mənim ümmətim". Bu, islam peyğəmbəri hz. Muhəmmədin səsiydi. Onun səsi olduğuna o qədər əmin idim ki, qəlbim bunu daima təsdiq etdi. Çünki Nəbimizin səsi yamsılana bilməz və o, bir ciddiliyə sahibdir.

Kitabı yazmaq cəmi 30 gün çəkdi. Təsəvvüf sahəsində heç bir təməl bilgisi olmayan bir adamam. Lakin buna baxmayaraq çətinlik çəkmədiyimi demək istəyirəm. Çünki röyalarım boyunca Həllac Mənsurun səsi və özü bir an olsun ruhumdan ayrılmadı.

Kitabı yazdıqdan çox uzun illər sonra öyrəndim ki, ancaq Həllac Mənsur ilə qarşılaşanlar onun haqqında yaza bilərmiş.

Onsuz da Həllac Mənsur haqqında yazılan və Ənə-l Həqq mənasını daşıyan çox az əsər var dünyada.

Bu kitabı yazarkən acizanə mistik bir yolculuğa çıxdım və bu yolçuluqda hiss etdiyim hər şeyi sözə çevirib qələmə aldım.

GİRİŞ

Kitabı hələ qələmə almazdan əvvəl, bir dəfə rastlaşdığım bir bilgə mənə, "Həllacı sən yazacaqsan və bunu bütün dünya eşidəcək" demişdi. Kitabdan iki il sonra, "Möhtəşəm əsr-Xürrəm" serialının ən həyəcanlı dörd bölümündə, Ənə-l Həqq kitabımdan bəzi sətirlər və şeirlər ssenariyə daxil edildi və səsləndirildi. Dünyanın otuzdan çox ölkəsində göstərilən bu serialla bərabər, o ölkələrin öz dillərinə çevrilərək hələ də səsləndirilir.

Həllac Mənsur əsl Qaynağından əlini uzadıb mənim əlimdən tutdu. Onu ruhumun dərinliklərində hiss etdim. Bir ay beynimin içində həbs oldu və orada mənə həqiqi Eşqi öyrətdi. Bunu, əsla, inkar edə bilmərəm. Ən böyük eşq ustadı Həllac Mənsurdur və mən Onun gerçək sevgisinin şahidi oldum. Mənim müəllimim oldu Eşq.

Həllac Mənsur, anlayışları, sadəcə, anlayış olaraq ortaya qoyar və bunları açıqlamaz. Açıqlamaq və yozmaq qismi insanlara aid edilir. Həllac Mənsur, röyalarımda bu anlayışları mənə açıqladığı üçün sonsuz təşəkkür edirəm. O özü izin verməsəydi bu kitab yazıla bilməzdi. Bu kitabda, bu anlayışların açıqlamalarını oxuyacaqsınız.

Yəqin, siz inanarsınız ki, belə bir sufi haqqında yazmaq asan iş deyil. Bu kitabda Həllac Mənsur haqqında danışdıqlarımdan əlavə, həm də dərin ilhamlarımın və duyğularımın kağıza köçürülməsini də tapacaqsınız. Budur, bu da onlardan biridir: "Minlərlə minləri ələdim də qaldı ikisi, asansa birini seç, önümdə bəmbəyaz bir qapı, yoxdur nə dəstəyi, nə kilidi, əlimi uzatdım olmadı, soruşdum "Onu nəylə açmalı?""

Gəlin, o qapıdan birlikdə içəri girək.

ƏNƏ-L HƏQQ QƏDİM BİLGİ

Həllac Mənsuru tanıyaq

Əsl adı Əbu-l Mugis Hüseyn b. Mənsur əl-Bəyzayidir. Mənsur soyadı atasından gəlir. Həllac ləqəbi isə, bir dostu ilə yaşadığı sirli bir olaydan sonra ona verilmişdir. Mənsur sözü şablon sözdür, dərin məna daşıyan bir simvoldur, bu söz Tanrıya qovuşma yolunda məqsədinə çatanlar üçün işlədilir. Əl- Mənsuri isə bu soydan gələnlərə deyilir.

Həllac Mənsura, könüllərin səsini eşidib gizlinlərini açıqladığına görə "sirləri pambıq kimi atan" mənasında Həllacü-l-əsrar da deyilmişdir. O, Həllac pambığı, Həllac-ı Əsrar, Əl-mucit, əl-Əsrar, əl-Mukit, əl Can, Həllac əl-Əsrar olaraq da adlanmışdır.

Beyza yaxınlarında əl-Turda doğuldu. Hüseyn bin Mənsurun ulu babası Məhəmmə adında bir zərdüştçü idi. Ana tərəfindən həzrəti Əbu Əyyubun nəslindən gəldiyi söyləndiyinə görə ona Ənsari də deyilmişdir. Nəsildən nəslə ötürülən bilgilərə görə o, hələ kiçik yaşlarda ikən atasının Dəclə üstündəki Vasıt qəsəbəsinə gəlmişdir. Burada Mənsurun 12 yaşlarında Quran-i Kərimi əzbərlədiyi söylənsə də, harada və necə təhsil aldığı barədə o qədər də məlumat və yazılı qaynaq yoxdur.

20 yaşında Tüstərdə Səhl b. Abdullahdan, bir müddət sonra Bəsrədə Əmr b.Osman Məkkidən təsəvvüfün sirlərini öyrəndi. Daha sonra Məkkəyə getdi, orada qaldığı müddətdə ardıcıl olaraq oruc tutdu və heç kimlə danışmadı. Hacdan qayıdanda Bağdadda Cüneyd-i Bağdadi, Əbul-Hüseyn Əhməd Nuri və Əmr Məkki ilə görüşüb onlardan feyz aldı. Sonra təkrar Tüstərə qayıtdı.

Bəzilərinin etdiyi üstüörtülü tənqidlərə görə o sufi paltarını dəyişdirərək sadə xalq geyimində gəzdi. Tələbələri ilə bərabər ikinci dəfə həccə getdi. Qayıdanda əsgər geyimi geyinərək bütpərəst diyarı olan "Xalqı Haqqa dəvət etmək üçün şirk olan bölgələrə gedirəm" deyərək Hindistana, oradan Xorasana, Türkistana və Çin sərhəddinə qədər gedərək, oralarda yaşayan xalqa islamiyyəti izah edib onları Allah yoluna dəvət etdi.

900-cü illərdə üçüncü dəfə həccə getdi və orada xalqdan ona işkəncə etmələrini istədi. Bağdada geri qayıdanda xalq tərəfindən müsəlmanlar uğrunda öldürülməyi tələb etdi.

Bu zaman məşhur " Ənə-l Həqq " sözünü söylədi, bu söz qısa zamanda bütün islam diyarına yayıldı. Bir müddət həbs edildi, sonra günahsız olduğu aydın olanda azadlığa buraxıldı.

"Ənə-l Həqq" sözü çox müxtəlif şəkillərdə başa düşüldü. Bu vaxt onun adı İsmailiyyə, Qərmətiyyə və Hənbəli məzhəblərinin mənsublarından bəziləri ilə birlikdə siyasi hadisələrə qarışdı və o ağır ittihamlarla təkrar həbs edildi, səkkiz ilə qədər həbsxanada yatdı və sonunda edama məhkum olundu. Edam hökmünü dövrün İslam xəlifəsi də təsdiq etdikdən sonra Həllac Mənsur, İbn Abdüssəməd tərəfindən əvvəlcə qamçılandı, sonra əlləri və ayaqları kəsildi, ardından asıldı və cəsədi yandırılaraq külləri minarədən Dəclə çayına töküldü.

Həllac Mənsur, həyatının ilk dövrlərində sufi ustadları olan Cüneyd Bağdadi və Əmr əl-Məkkinin tələbəsi oldu. Lakin sonra onlar tərəfindən də rədd edildi.

Cüneyd Bağdadi təsəvvüfün sirrini, sadəcə, yaxın adamlarla danışar, başqaları eşitməsin deyə hətta evinin qapılarını örtərdi. Mənsurun da daxil olduğu Bağdad təsəvvüf məktəbi, tövhid təlimlərində üstün bir səviyyəyə çatmışdı. Ancaq xalq tərəfindən səhv başa düşüləcəyindən qorxduqları üçün onlar bu təlimi gizlədirdilər.

Cüneyd Bağdadi Həllac Mənsura susmağı və insanlarla danışmamağı, sirləri açmamağı tapşırırdı. O isə xocasını dinləmədi və Cüneydin, "'Deyəsən, bir ağac parçasının ucunu qırmızıya boyamağın yaxındır!" sözünü dilə gətirərək, şəhid ediləcəyini qabaqcadan bildiyi də rəvayət edilir.

ƏNƏ-L HƏQQ QƏDİM BİLGİ

Ənə-l həqq qədim bilgidir

"Məni görən Tanrını görər, Tanrını görən ikimizi birdən görər",
Həllac Mənsur.

Ənə-l Həqq sözü, bir insanın **Haqq olaraq göründüyünün** ifadəsidir. Düşüncə fəlsəfəsinin təməlini təşkil edən ən önəmli sözlərdən biridir.

Bu söz deyiləndən bəri bundan daha üstün bir söz deyilməmişdir. O, **"Mən Haqqam"** demişdir. Ya da **"Haqq, Mən olaraq göründü"** demişdir Həllac Mənsur.

Ancaq mən sözü çox dərin bir anlayışdır. **Ənə** sözü **mən** mənasında işlənmiş olsa da, əslində, **məndən** daha dərin bir sözdür. Çünki eqo və mən sözləri, fiziki bədəni ifadə edir. Mənsurun **"ənə"** sözü isə təsəvvüf mənasına görə tamamən bədəndən fərqli məna daşıyır. Yəni, **ruhum, əmanət ruhdan üfürüldü və ona çatmağı dilədim, qəlbən çağırışı eşitdim və ölmədən ona çatdım** mənasını verən dərin bir haldır.

Ənə-l Həqq deyiminəki **Ənə** kəliməsi Allah yolunda olan bir ruh üçün işlənilir. Əgər ənə sözünü bədənsəl **"mən"** olaraq düşünsək, yüksək eqo ölçüsünə girərik. Bu da fironlaşan bir mənlik mənasını verir. Bu da qısaca , **"Mən Tanrıyam! Mənə tapının"** demək olar. Lakin, Həllac Mənsur, Ənə-l Həqq sözünü söylərkən yüksək eqodan daha çox üstün səviyyəli bir şüur yaşamaqdaydı. Bu şüur, ruhunun ölmədən Allaha varması üçün etdiyi çağrışa gələn cavabdır.

Mən Haqqam deməsi, **Haqq mənim surətimdə göründü, ya da mən Haqq surətində göründüm** mənasına gəlir. Bu, tayı-bərabəri olmayan və tək olan Tanrısal ölçü şüurunda qəlblə söylənmiş gizli bir sözdür.

Ənə-l Həqq sözü, Haqq adının insan beynində açması, insanın şüurundakı rezonansı, bütün bədən hüceyrələrindəki Tanrısal açılmanın ortaya çıxmasıdır.

Dünyəvi sifətlərdən arınan, Haqq adının ucalığına varan və dərk edən bir məvhumdur. Bu sözü, ancaq həm ruhu, həm də bədəni ilə idrak edən insan söyləyə bilər. Bundan başqa işlənəcək hər deyim, sadəcə, təqlid, ya da saxtakarlıqdır.

İnsanın könlü elə böyükdür ki, onun içinə bütün kainat sığışar. Sonsuz Kainat insanın ürəyindədir. Həllac Mənsur bunu **"Nöqtə fəlsəfəsi"** adlandırır. Bu "nöqtə" bir incidir.Ərəbcə dürrə olaraq bilinən bu inci, bütün kainatın özü-cövhəridir. Bax, bu incini tapa bilən, görə bilən artıq eqodan əl çəkər, maddənin əsarətindən qurtular. Azad olar. Bu insan artıq ilahilik ölçüsündə düşünən bir insandır. Bax, belə bir hal içində olan insan Ənə-l Həqq deyə bilər. Bu sözü dilə gətirə bilən tək insan da Həllac Mənsur olmuşdur.

İndi də gələk Ənə-l Həqq sözünün Kvant nəzəriyyəsi ilə eynilik təşkil etdiyi yerlərə.

Kvant kainatında bir qopuş, bir ayrılmadan söhbət gedə bilməz.Hər şeyin özü-cövhəri atom və atomdan kiçik zərrəciklər dünyasında gizlidir. Atomdan kiçik zərrəciklər dünyası, aydın olmayan tam bir quruluşa sahibdir.

Kvant dünyasında ayrılış, ayrılmaq, qopmaq imkansızdır. Bir atomu parçalarından ayırdıqda, atomun nüvəsinə bir müdaxilə ediləndə digər parçalarının da eyni müdaxiləyə məruz qaldığı isbat edilmişdir. Bu da hər parçanın bütündən ayrı olmadığı, qopmadığı, görünməz bağlarla, ən ultra səviyyədə enerjilərlə bağlı olduğu isbat edilmişdir.

Kvant kainatında qopma və ayrılma yoxdur. Ancaq yolçuluq vardır. Uzaqlıq və məsafə hissi, sadəcə, düşüncə formamızdadır. Bir qalaktikada olan hər şey həmin anda bütün kainatın hər zərrəsində hiss edilir və dəyişmə baş verir. Dəyişkənlik hər atoma nüfuz edir. Elmdə, **"Atom nədirsə maddə də odur"** ifadəsi vardır. Bu da təsəvvüfdəki **"Zərrə nədirsə, bütün də odur"** ifadəsi ilə eyni mənaya gəlir.

Biz beynimizin bizə göstərdiyi kainatı görməkdəyik. Ayrı, qopmuş, gözəl, çirkin, böyük, kiçik, ağ, qara, işıq və qaranlıq kimi sifətlər verdiyimiz bir kainatı görməkdəyik. Əslində, beynimizin titrəşim dalğaları daha fərqli titrəşsəydi daha fərqli şeyləri görə bilərdik.

Hər hansı bir daşı əlimizdən buraxdığımızda, daş yerə düşərkən, Andromeda qalaktikasındakı kiçik bir meteorit bizim daşımıza bir çəkim-cazibə qüvvəsi tətbiq etməkdədir.Bu hal, bizim, kvant kainatında yaşadığımızın ən böyük sübutudur. Bir-biriylə sonsuz saniyədə xəbərləşən və qarşılıqlı təsirdə olan atomlardan ibarət olan varlıqlarıq. Elm bu bilgini müxtəlif çalışmalarla isbat edir.

Biz başqa bir şeylə təmas etdiyimiz an bütün kainatın ruhuna toxunuruq. Təmas edilən hər Nöqtə bütün kainatın ruhuyla tamdır. Bir daşı yerə buraxanda, bütün kainatın bundan xəbəri olur.

İşıq sürətindən daha sürətli, bir-biri ilə xəbərləşən atomlardan ibarətik. Atom kainatındayıq. Buna Kvant kainatı deyilir. Görünən hər şey Kvant kainatını təşkil edir. Qısacası, elm "Görünən hər şey Həqiqətdə tək və taysız-bərabərsizdir" həqiqətini qəbul edir.

Hələ Kvant qanunu ortaya çıxmamışkən Həllac Mənsur Ənə-l Həqq sözü ilə "Görünən hər şey Mənəm" demişdir. Bu, "O Mənəm" sözü elə Kainatın Özüdür. Kainatın özü də təkdir və taysız-bərabərsizdir.

Həllac Mənsur fəlsəfəsi

Əsas anlayışlar 1

Həllac Mənsurun fəlsəfəsində yer alan bəzi anlayışlar vardır. Bu anlayışların təsəvvüfün təməlində böyük əhəmiyyəti vardır. Onların hər biri bir məhək daşıdır. Bunlar həm də çox çətin açıqlanan anlayışlardır. Çətin açıqlandığına görə çox çətin də başa düşülür. Bu anlayışları dərin bir hissiyyatla çatdırmağa çalışdım və asan başa düşülməsinə diqqət etdim.

Həllac Mənsurun fəlsəfəsində yer alan məvhumları qavrama ilə anlamadığımız müddətdə Ənə-l Həqq anlayışını da anlaya bilməyəcəyik.

Nöqtə fəlsəfəsi

Sirdir nöqtə Aləm-i Vücud içində, eyni anda da aləm-i vücud o sirr-i nöqtənin içindədir (Kövsər Yaşıldaş).

Nöqtə mövzusu Həllac Mənsur fəlsəfəsinin və Ənə-l Həqq anlayışının ən əsas məvhumudur. Nöqtə fəlsəfəsini anlamadan, Həllac Mənsuru anlamaq imkansızdır, deyə bilərik. Həllac Mənsur Tanrını nöqtə olaraq təsvir edir. Mənsura görə Tanrı **əvvəlsiz Nöqtədir**. Öncəsiz Nöqtənin Tanrı olduğunu və Qaynaq olduğunu xüsusilə vurğulayır.

Nöqtə nə böyüyər, nə kiçilər, nə yox olar, nə var olar. Hər yerdədir və heç bir yerdə deyildir. Bütündür, Gerçəkliyin gerçəkliyidir və heç bir yerdədir. Görünənlərin hamısındadır və görünməyəndədir. Nöqtənin hər şey haqqında bilgisi vardır, sonsuz dəfə sonsuz saniyədə hər şeyi bilir, bütün nizamın və maddələrin tək sahibidir.

Mərkəzdəki, Öncəsiz Nöqtəyə çatmaq imkansızdır. Onu anlayışlarla anlamaq qeyri-mümkün. Ölərək, ya da dairələrdən keçərək çatmaq mümkün deyildir. Ona çatmaq üçün edilən cəhdlər nəticəsində varılan yer, ancaq Öncəsiz Nöqtənin ətrafındakı dairə olur. Növbəti bölümdə bunlar **Genişlənən Anlayışlar və qavranılanlar Dairəsi** olaraq açıqlanacaqdır.

Tanrı tanına bilməyən, tapılmayan, hiss edilməyəndir. O ancaq və ancaq özünü açığa vurandır. Bundan başqa heç kimsə Onu görə bilməz, tanıya bilməz və onunla danışa bilməz. Ancaq O özünü öz dostlarından açığa çıxarar. Bir yay kimi gərilər və tam nöqtədən vurar, bütün yaradılmışların içindən keçər, özlərini dələr, nurunu verər, yaradılanları çaşdırar, heyrət oyadar, görkəmiylə bir-birinə salar, sarsıdar, yandırar qovurar, alt-üst edər, toxumu yaprağından ayırar, sovurar, sərsəm edər, tarazlaşdırar, düzəldər və nizamı qoruyar.

Gərilən yaydan bir ox kimi çıxar. Ancaq o zaman tanınar. Bax, bu Tanrının iradəsidir, var olan hər şeydir, bütündür. Ancaq əllə göstəriləcək, gözlə görüləcək, toxunanda hiss ediləcək, sual verəndə cavab verə biləcək bir varlıq deyildir.

Həllac Mənsur, Tanrıya özünü **büruzə verən-açığa vuran** olaraq təsvir edir. Tanrı öz dairəsində görkəmlidir və əsla tapılmayan və əlçatmayan bir yerdədir. Sifətlər onu təsvir edə bilməz, ikinci olan heç bir şey onu təsvir edə bilməz. Yaradılmışlar Onu təsvir edə bilməz. Kəlimələr yalnız və çarəsiz qalar, deyilən, hiss edilən heç bir şey Onu tam mənasında anlaya bilməz. Ən idraklı, ən bilgə-aydınlanmış adamın belə hislərindən üstündür. Şəffafdır, sayılamayan Birdir və ədədlə təkdir. Sonsuzdur və sadəcə Özü kimidir. Heç bir şeyə oxşamaz. Bütünləyən, qamarlayan, çəkib alandır, dağıdan və sonsuz şəkildə yayan, ancaq sonsuzluğun sərhəddini və sayını bilən ancaq və ancaq O özüdür. Hallarla, xüsusiyyətlərlə, törəmişlərlə, yaradılmışlarla müqayisə olunmayandır. Varlıqlardan uzaq, ancaq varlıqlara özlərindən belə yaxın olandır.

Öncəsiz Nöqtə Tanrıdır. Doğurmamış və doğulmamışdır. Tay-bərabərsiz, tək və mükəmməldir. Düalite anlayışı (erkək, dişi) ona aid edilə bilməz ki, heç bir şey ona tay tutulmaz, ancaq o bütün anlayışların və prinsiplərin tək yaradıcısıdır.

Dairə

Həllac Mənsur fəlsəfəsində ən önəmli anlayışlardan biri **Dairə** mövzusudur. Dairə mövzusunu yaxşı başa düşmədən, Həllac Mənsurun Ənə-l Həqq sözünü dərk edə bilməz.

İlahi Sistem dairəvidir.

Dairələr iç-içədir.

Mahiyyət-öz ilk nöqtə və ilk dairədir. Oradan açılma və yayılma başlayar. **O ilk dairə Mütləqdir.** Mütləq, sonsuz gücdür. Həllac Mənsur, ilk dairəni **"Tapılmayan Nöqtə"** olaraq təsvir edər. Əvvəlsizlik və Sonrasızlıq öncəsidir. **Öncəsiz Nöqtə** olaraq tərif verilir.

Daha sonra gələn dairə, **Genişləyən Anlayışlar və Qavranılanlar dairəsidir.** Vəlilər, ulular, Allahın varlığını dərk edib, özünü Allah Varlığı ilə Birləyənlər, bədəni tərk etmədən Allaha çatanlar dairəsidir. Dərk edilənlərdir bunların hamısıdır. Yerlərini bilirlər və yer kürəsinə işıq olub, yenə qaynaqlarına geri qayıdarlar. Anlayışlar Dairəsi, Ərənlərin, Əriyənlərin çata bildiyi bir yerdir. Buna **Doğruluq Dairəsi** olaraq da tərif verilir.

Hallar dairəsi isə bir sonrakı dairədir. Maddələr və Varlıqlar, çoxluq, sifət və surət olaraq görünürlər. Hər bir görünən də, Tanrının inikasıdır.

Bir sonrakı ən geniş dairə **Sezgi Dairəsidir.** Varlıqların sezgisinin hiss edildiyi yerdir.

Varlıqlar və Tanrının özü də daxil olmaqla, bu dairələri təmsil edər. Yaxşı, bəs Şeytan anlayışı bu təriflər içərisində harada olar, deyə soruşsaq: Şeytan anlayışı, bütün bu dairələrdən kənarda qalma halıdır. Şeytan, bu mövcudiyyətdən məhrum olma halını təmsil edir. Əgər Şeytanı düşünürsənsə, demək Dairədən kənardasan!

Bunu yaxşı başa düşməliyik ki, Şeytan deyilən bir varlıq yox-dur. Şeytan, bir düşüncə tərzidir. Bu Düşüncə tərzi, Kainat için-dəki o birliyi idrak edə bilməyən, qavramayan və görə bilməyən bir quruluşdan ibarətdir. Bu düşüncə tərzinə sahib olan hər insan da Tanrısal Dairədən kənara çıxmışdır.

Həllac Mənsur, Tanrı ilə arasındakı birliyin varlığını inkar edən adamın ən kənar dairə olan Sezgi Dairəsinin çəpərində gəz-diyini söyləyir. Ən böyük və ən kənar dairənin çəpərində olan insan, anlayış etibari ilə İnsan ilə Tanrı arasındakı bütünlüyü və birliyi anlaya bilməz. Anlaya bilmədiyi üçün inkar edər. Çünki o, Öncəsiz Nöqtədən çox uzaqdır və bu yöndəki anlayışı da bir o qədər qaba titrəşimdədir. Buna görə də qavraması çox çətindir.

Tanrının insana **Can damarından yaxın olma** məsələsini anlamaq da çox çətindir. Çünki ən kənar dairənin çəpərində olan varlıq, anlayış etibarı ilə qaba titrəşimlərə tabedir. Şeytani dü-şüncə tərzi hakimdir. Artıq o adam Tanrısal Dairədən çöldədir. Yəni, Varlıqların və Tanrının Sevgisinə kənardan baxandır.

İnsan nə qədər inkişaf edirsə etsin, ən uca mərtəbələrə belə çatsa, Tanrını gözləri ilə görə bilməz.Çünki baxmaq və görmək, kənardan baxmaqdır. Kənardan baxan adam Tanrını inkar edən insandır. İkiliyə düşmüş və o dairədən kənarda qalmışdır.

Həllac Mənsur fəlsəfəsində Dairələr iç-içədir deyə söyləmiş-dik. Varlıq, dərk olunma baxımından, qapısı və açarı olmayan bu dairələrdən keçər. Bir dairədən diğərinə keçişi belə olur: Varlıq, maddənin əsarətindən qurtulduqca və Aydınlandıqca gerçəkləşə bilər.

Həllac Mənsur fəlsəfəsində, ən kənar dairə olan Sezgi Dairəsinə yaxınlaşa bilən insan, **doğruluq və anlayışlar** dənizinə yaxınlaşmışdır. O zaman insan ilə Tanrı arasındakı anlayışı, his-sediş olaraq izah edə bilər. Bu vəziyyətdəki insanın dərk edişi bir az daha inkişaf etmişdir. Ən azından varlıq bunu hissetmə tərzində, "təsirlənmə" olaraq izah edə bilər.

Sezgi Dairəsindən irərliləyən insan hallar dairəsinə çata bilmişdir. Bu hala Həllac Mənsur, **doğruluq və anlayışlar dənizindən bir udum içmək** adını verir. Doğruluq və anlayışlar dənizindən bir udum alan insan, anlayışına anlayış-idrakına idrak qatmışdır. Xüsusiyyətləri və halları izah etməyə, ruhunun səsini eşitməyə başlamışdır. Həllac Mənsur bu hala **Doğruluq Dairəsinə** çatan varlıq tərifini verir.

Lakin bu dairənin mənfi bir tərəfi də vardır.Əgər dairənin tam dərk edə, qavrayamamışsa, onda o mərkəzin, əslində, özü olduğunu zənn edər. Kainatın mərkəzində öz mənliyi olduğunu düşünər. O zaman özünü Tanrı ilə bir tutar. Mərkəz mənəm, deyə düşünər. Çatdığı bu hal, sadəcə, aldadıcı bir haldır. İztirabın birbaşa özüdür. Əgər bu dairənin gerçəkliyini anlaya bilsəydi bunu hiss edərdi: İnsan həqiqətdir, lakin əsla Həqəqətin bir başa özü deyildir. Tanrıdandır, amma əsla Tanrının özü deyildir. Tanrı olduğunu düşünən eqosudur, mənidir. Aldadıcı və sərxoş edici bu hal, mərkəzdə olduğunu və kainatın insanın ətrafında fırlandığının yanılması, səhv başa düşülməsidir..

Doğruluq Dairəsinə çatan varlıq, mənliyini unudar və diqqətini mənliyindən aralayar-qurtarar. Mənlik, insanın dünyada ikən varoluşunu təmin edən qoruyucu bir amildir. İnsan mənliyi ilə dünyada var olur. Lakin mərkəzin özü olduğu zənninə qapılsa, mənliyinin əsiri olar.

Doğruluq dənizinə çatan insan, kölgələrin, xoşluqların, inikasların sərxoşluğunu duyar. Sonsuzluğun dərin dənizində olmanın həzzini yaşayar. O dənizdə üzdüyünü, sərinlədiyini düşünər, əslində isə sahildə başını qataraq bilginin verdiyi aldadıcı sərxoşluqla idarə olunmaqdadır.

Çünki ora Mən-in ən gözəl sığınacağıdır, ən aldadıcı yeridir və xoşluqların, gözəlliklərin həzzinin yaşandığı bilgi dənizidir. Biliklə başını qatır eləcə. Sahib olduğunu sandığı öz Mənindən başqa üzü heç bir yerə dönməmişdir, amma gerçək mənə çatdığını zənn edər.

Bu vəziyyəti Həllac Mənsur belə izah edir: Könül, qanadlarını taparaq uçmağa çalışan bir quşdur. Könül quşu uçmaq üçün inad edir. Lakin qanadlarına əngəl olan Mənidir. **Mərkəz Mənəm** deyən, mənliyidir. Elə bu Mən Mərkəz, Könül quşunun tapdığı qanadlardır.

Həllac Mənsur, bu vəziyyətin necə aradan qaldırılacağını belə izah edir: Həqiqətdə uçmaq, **Mərkəz Mənəm** deyən mənliyi tərk etməklə ola bilər. Könül Quşunun uçmaq üçün Qanadlara ehtiyacı yoxdur. Çünki qanadlar könül quşunun **Mərkəz mənəm** deyən mənliyidir. Ondan qurtulmadıqca uça bilməyəcəkdir.

Qısaca, Könül Quşu, mərkəz mənəm deyən mənliyi ilə Tanrıya çata biləməyəcəyini anlamalıdır. Qanadlarını tərk etməyən Könül Quşu, Tanrıya çatmayacaqdır.

Qanadlarını tərk etməyən Könül quşu, bir aldanma və yanılma içində olduğunu başa düşər. Doğruluq dənizinə düşər və orada boğular. Bu boğulma deyimini Həllac Mənsur belə izah edir: **Mərkəz Mənəm** deyən mənlik, insanı əhatə edər, təsiri altına salar, vurğunu edər, manipülasiya edər. Elə oyunlar oynayar ki, insan, əslində, kim olduğunu da unudar.

Həllac Mənsur bundan qurtulmağın tək bir yolu olduğunu söyləyir: **İnsan zahiri bədənini fərq etdiyi an ölümsüzləşər, daim diri olar.**

Təsəvvüfdə "Ölmədən Ölmə" durumunun tərifidir bu. İnsanın, hələ yaşarkən öz Həqiqətinin fərqinə varmasıdır. İnsanın Həqiqtinə qovuşması, uzun və çətin bir yolçuluqdur.

Axtarma və tapma mistik bir yolçuluqdur. Arayış içində olan varlıq, hər fürsətdən istifadə edən sonsuz imkanlar və azadlıq içərisindədir.

Təsəvvüfdə **"Ayaqların ən çox ilişdiyi yer"** deyilən yer Doğruluq Dairəsi olan hallar dünyasıdır. İnsan, sifətlərin müxtəlifliyi və çoxluğun olduğu maddə dünyasından özünü heç cür qurtara bilməz. Baş qatma və qarışıqlıq içərisində boğular. Halbuki, Könül Quşunun Tanrıya çatması gərəkdir. Maddə dünyasının Həqiqətini anlamadığı müddətdə də, bir sonrakı dairə olan Genişləyən Anlayışlara çatması mümkün olmaz. Ayaqlarındakı qandalları qoparmadıqca bir sonrakı dairəyə keçəmməz.

Qapısı və Kilidi olmayan bu dairələrdən keçişlər, insanın tamamən iç yolçuluğudur. Aydınlandıqca gerçəkləşə bilən bir yolçuluqdur bu.Əngəlləri aşdıqca, anlayışlara qovuşduqca mümkün olur. Bütün səbəblərin tək bircə səbəbi var: Tanrını Anlamaq. O tək səbəbi isə məhdudluq içində anlamağa nə qədər nail oluna bilər? **İnsan sərhədsiz olmadıqca, Sərhədsiz olan Əvvəlsiz Nöqtəni anlayammaz.**

Orbitlər

Həllac Mənsur fəlsəfəsində ən vacib anlayış **Orbitlər** bəhsidir. Orbitlər mövzusunu yaxşı başa düşmədən Ənə-l Həqq sözünü də başa düşə bilmərik.

Kainatda hər makro varlıq **öz ətrafında** və çəkim-cazibə sahəsində olduğu **kütləli varlıq ətrafında** və ən böyük çəkim sahəsinə bağlı olduğu **makro kütləsəl varlıq ətrafında** fırlanar.

Kainatda hər mikro varlıq (atom və atomdan kiçik hissəciklər) öz ətrafında və nüvə ətrafında fırlanırlar.

Bu dəyişməyən fizika qanunudur. Hər mikro və makro varlığın bir orbiti vardır. Bu orbit, öz ətrafında və çəkim sahəsinə bağlı olduğu kütləsəl ətrafında fırlanarkən getdiyi yoldur. Bu orbitlər, görülə bilən, müəyyən edilə bilən və ölçülə bilən xüsusiyyətlərə malikdir.

Bir də varlıqların mücərrəd orbitləri vardır. Bu orbitlər o varlığın Mənəvi Dünyalarında qət etdikləri yollardır. Təsəvvüfdə varlıqların bu mücərrəd orbitlərinə "Təkamül" adı verilir.

Hər insanın yay genişliyində bir orbiti vardır. Mənəvi inkişafında tam bir dövrə fırlanar, dövrəni tamamladığında yenə başa gələr. Bu isə sonsuza qədər davam edər.

Hz. İsanın "Əvvəl da mənəm, Axır da mənəm" sözünün mənası ilə eyni bir ifadədir.

İnsan, fırlanıb hər bir dövrə vurduğunda yenidən başa gələr. Buna görə də mücərrəd otbitlərdə baş və son, əslində, eynidir. Lakin bircə fərqlə. Hər dövrəni fırlandıqda sona gələn insan, təkrar başa gəldiyində, dərk etməsi dəyişmiş və aydınlanmış olar. Hər fırlanma bir idrak sıçraması yaradır. Əvvəl və Son eyni kimi görünsə də, əslində, Aydınlanan insan bir sonrakı dövrədə yüksək şüurlu bir anlayış ilə dolanmasına davam edəcəkdir.

İnsan fiziki orbitində bir dövrə vurarkən, hansı cazibə sahəsində fırlanar?

Fizika qanunlarına uyğun cavab versək deyərik ki, hər insan, dünya planetinin cazibə sahəsinə daxildir. Buna görə də yer öz ətrafında fırlandığı üçün insan da yerlə birlikdə fırlanır. Yer günəş ətrafında fırlanır. Günəş də ən güclü çəkim sahəsi olan Samanyolu qalaktikası ətrafında fırlanar. Samanyolu qalaktikası da öz ətrafında fırlanır. İnsan da buna görə Samanyolu qalaktikası ilə birlikdə fırlanmağa məcburdur. İnsan fiziki orbitində bir dövrə vurarkən Samanyolu Qalaktikasının çəkim sahəsində olur.

Yaxşı, bəs İnsan öz mücərrəd orbitində bir dövrə vurarkən nəyin çəkim sahəsində olur?

Bu bəhsin əvvəlində mücərrəd orbitlərin görülə bilməyən, ölçülə bilməyən, müəyyən edilə bilməyən olduğundan bəhs edildi. Bunu isə ancaq mənəvi hissiyyatla müəyyən etmək mümkündür. Təsəvvüfdə "şey" deyimi vardır. Bütün yaradılanlar "şey" kateqoriyasına aiddir. Təsəvvüfdə, "şey", əslində "əşya"dır. Bildiyimiz bütün maddələrə təsəvvüfdə əşya adı verilir.

İnsanın, mücərrəd orbitində, çəkim sahəsinə girdiyi "şey"lər vardır. Və bu "şey"lər, eyni ilə fizika qanunlarında bəhs edilən cazibə sahələri kimi, çox güclü çəkim sahələri yaradırlar.

O şeylərdən ən önəmlisi də Mərkəz mənəm deyən mənlikdir. Əgər insan öz **mən mərkəz** çəkim sahəsində isə, maddənin əsiri olmuş və Doğruluq dənizində boğulmuşdur, deməkdir. Qurtulmağı çox çətin olan bir güc mərkəzidir **Mən Mərkəz**. Tam bir əsarət sahəsidir. Buna inanmalıyıq ki, həbsdə olan bir məhkum, Mən Mərkəz sahəsinə girmiş insandan daha azaddır. Mən Mərkəzli çəkim sahəsində olan insan, maddənin yaratdığı cazibəylə sərxoş olur. Mənəvi gözləri korlaşır. Eqoist, Tanrı tanımaz, zalım, narahat, narazı bir haldadır. Və mücərrəd orbitini, Mərkəz Mənəm deyən güclü çəkim sahəsindən qurtara bilmədikcə bu belə davam edəcəkdir. Orbiti dayanmadan əvvələ qayıdan bir insanın həyatı yorucu, darıxdıcı və əzablıdır.

İnsanın öz mücərrəd orbitinin mərkəzinə yerləşdirdiyi daha fərqli çəkim sahələri də vardır. Pul, iqtidar, qumar, seks kimi güclü çəkim sahələri ətrafında dövrə vuran insanlar da çoxluq təşkil edir.

Beləliklə, insanın həyatı, mərkəzə yerləşdirdiyi güclü çəkim sahəsinə əsaslanır. O güclü çəkim sahəsinə istinad etmədən azad olmalı və tarazlaşmalıdır. Elə bu zaman, insan həqiqətini anlamağa başlayacaqdır. Hər dövrə tamamlananda sona yaxınlaşan

və əvvələ qayıdan insan, idrakı inkişaf etdikcə gerçək mənin işı-
ğını fərq edər. Və mərkəzinə Həqiqətini yerləşdirməyə başlayar.
Mənəvi dünyasında əvvələ qayıtdığı anda bir irəliləmə baş verər
və sıçrama yaradar.

Bu, Təkamül Sıçramasıdır. Təkamül halqalar şəklində de-
yil, spirallar şəklindədir. Gəlişimində "sıçrama" baş verən insa-
nın orbitində "əvvəl və axır" yox olur. Bəlli bir nöqtədən çıxan
və sonsuzluğa yol alan spirallar şəklindədir. Hz. İsanın "Əvvəl
də mənəm, Son da mənəm" sözünün tam mənası da elə budur.
Zahirdə əvvəl və son qalmamışdır. Orbiti spiral şəklində irə-
liləyən, böyüyən, aydınlanan bir insan ortaya çıxmışdır. Təkamül
Sıçraması edərək aydınlanan və spirallar cızaraq gedən İnsan, bu
gedişdə müxtəlif mənzillərdə-yerlərdə dayanar. Bu durulan mən-
zillərdə yerləşməsinə təsəvvüfdə "nəfəs" adı verilir. İnsan hər
nəfəsdə, soluqlanır, dincəlir və yaşadığı olayları gözdən keçirir.
Mənzillər, insanın Təkamül irəliləməsində çox önəmli yer tutur.

Təsəvvüfdə, Gerçək Mənə qayıdış, insanın kamil insan oldu-
ğu halını göstərər. Bu çatma prosesinin mümkün olduğu hal in-
sani ölçüdəki ən zəngin, ən ulvi, ən Rəbbinə yaxın olduğu halıdır.
Demək, bu hallar dairəsindən sonra gələn Genişləyən Anlayışlar
dairəsinə yol almışdır. Bura Ululərın, Vəlilərin, Ölümsüzlərin yer
aldığı dairəvi sahədir.

Quran-i Kərimdə, "Sonunda bütün qayıdışlar Onadır" inan-
cı vardır. Bütün qayıdışların Tanrıya olması, sonsuz bir zaman
dilimində gerçəkləşəcəkdir. Bütün qayıdışlar Onadır prinsipinə
görə orbitimizi Mərkəz mənəm deyən mənlikdən Gerçək Mənə
yönəltməyimiz, sıçrama yaratmağımız lazımdır. Bu isə insanın
özünün cəhd etməyinə bağlıdır.

Bunu orbitimizi və qayıdışımızı Rəbbin çəkim sahəsinə, Gerçək Mənə, Onun hüzuruna və Nuruna yönəldərək edə bilərik.

İnsan Həqiqətin Həqiqətidir. Ancaq, əsla, Həqiqətin birbaşa özü deyildir. Qısaca, İnsan İlahidir. İnsan Tanrısaldır. Lakin İlah deyildir və Tanrının özü deyildir.

Mənzillər

Həllac Mənsur fəlsəfəsində ən önəmli anlayışlardan biri də duraqlar-mənzillər mövzusudur.

Təsəvvüfdə bu, **Nəfəsalma** deyilən yerdir. Bu mənzillər, İnsanın Təkamül Yolçuluğunu **özü ilə gözdən keçirmə toplantısı apardığı**, özü ilə üzləşdiyi yerdir.

İnsan, makro və mikro kainatın tam ortasında yer alır və onun da bir orbiti vardır, ancaq bunu **gözlə görmək olmaz** deyə söyləmişdik.

Hər bir dövrə tamamlananda sona yaxınlaşan və təkrar əvvələ qayıdan insan, sıçrama qazanaraq yoluna davam edər. Bu, sıçrama anında bir nəfəs almalıdır. Bura "dayanma, yerləşmə-sığınma" yeridir.

Mənzil- bir nəfəs almadır, bilgilərin yerli yerinə oturması, gözdən keçirilməsi, həzm edilməsi, əksiklərin fərq edilməsi, keçmişin bərpası və bir sonrakı mərhələnin hazırlıqlarının görülməsidir.Və hər bir mənzil, ləyaqət məsələsidir.Və hər hansı bir mənzilə çatılanda, oranın təminatı ancaq və ancaq varlığın ləyaqəti ilə müəyyən edilir.

"Haldan hala keçəcəksiniz" (Quran-ı Kərim, "İnşiqaq" surəsi, 19-cu ayə).

Hər haldan hala keçiş, hər qət edilən mərhələ, təbəqə, bir **mənzili** təmsil edir. Hər biri üçün ayrı-ayrı zamanlar vardır və bu zamanlar, bir olma və formalaşma səhifəsidir. Bu o varlığın, sıxlığı, titrəşimi və rezonansı ilə əlaqəlidir. Bilgiləri ilə deyil. Çox şey bilməyin faydası yoxdur, önəmli olan bilinən şeylərin həzm edilməsi, idrak edilməsidir. Ruh varlığından, maddi bədənin geçişlərdə şüur sahələri, addım-addımdır və çox incə, incə halından çox qaba titrəşimə keçişlər vardır və bu iyerarxik pillələrin hər biri bir mənzildir.

Təbiətdə də yaydan payıza, qışa və yenə bahara keçilir.

Göy üzündə ay ən incə haldan bədrlənmiş aya qədər müxtəlif hallara düşür və tam bədrlənmiş hala gəlir.

İnsan doğulur və yaşlanana qədər müxtəlif mərhələrdən keçir.

Hər canlı, baş verən arınma əməliyyatından sonra sonsuz və əbədi həyata qovuşacaqdır.

Hər canlı, ya da cansız görünən cismin və varlıqların haldan hala keçişləri vardır və bunların zamanları mövcuddur.

İnsanın da iç dünyasının, şüur sahəsinin, idrak sahəsinin mənzilləri vardır. Heç kimsə durduğu yerdə kamilləşməz, bilgiyə və idraka çatmaz. Sirlərin üzə çıxması həyatlar boyu davam edər. Hər həyatda əldə edilən bir, ya da bir neçə idrak digər növbəti həyatın hazırlığıdır. Bəlkə bir neçə həyat öncə və sonrası üçün hazırlıq mərhələləridir. Həzm edilməsi, idrak edilməsi, bilgilərin təcrübə edildikdən sonra çıxan nəticənin, ehtiyaca uyğun təkrar planlanmasıdır. Bax, bu mərhələlər haldan hala keçişlərdir.

Hər biri bir-birinə keçmiş, dolaşıq halda olan, heç biri digərinin əvvəli, ya da axırı olan deyil, özlüyündə, hamısı bir-biri ilə bütün, sərhəddi olmayan, ancaq bir səth üzərində içə doğru mistik bir yolçuluqdur.

Həllac Mənsur 40 mənzildən bəhs edir. Onlar sırayla belədir:

1. Üsul (Ədəb)
2. Qorxu (Rahəb)
3. Yorulma (Nəsəb)
4. Arama (Tələb)
5. Heyrətlənmə (Əcəba)
6. Yıxılma (Atəb)
7. Coşqu (Tarab)
8. Tutqu (Şərəh)
9. **Doğruluq** (Nəzəh)
10. Səmimilik (Sidq)
11. Yoldaşlıq (Rıfq)
12. Azad olma (Itk)
13. Göstərmə (Tasvih)
14. Dinclik (Tərvih)
15. Anlama (Təmyiz)
16. Şahid olma (Sühud)
17. Olma (Vücud)
18. Mənbə (Idd)
19. Cəhd etmə (Kedd)
20. Əvvəlki vəziyyətə qayıtma (Rada)
21. Yayılma (İmtidad)
22. Hazırlanma (İ>titad)
23. Özünü təcrid (İnfirad)
24. Bağlanma (İnkiyad)
25. Çəkim (Murad)
26. Görüntü (Hüzur)

27. Uyğulama (Riyazət)
28. Diqqət (Xıyatət)
29. İtirilən seylər ücün üzülmək (İftikad)
30. Dirənmək (İstilad)
31. Nəzərə alma (Tadebbur)
32. Heyrət (Təhayyur)
33. Düşünmə (Təfəkkür)
34. Səbir (Təsəbbür)
35. Şərh (Təəbbür)
36. Təsdiqləməmə (Rafd)
37. Tənqid (Nakd)
38. Uyma (Riayət)
39. İşarət alma (Hidayət)
40. Başlanğıc (Bidayət)

Həllac Mənsura görə hər mənzilin iki mənası vardır. Biri dərk edilib başa düşülür, digəri dərk edilib başa düşülmür.

Başa düşülən halı, bədənli ikən hiss ediləndir.

Başa düşülməyən halı isə bədənli ikən bu hiss edilənlərin **məqsədinin** nə olduğu barəsində dəqiq bir bilginin olmamasıdır.

Qısaca, İnsan mənəvi yolçuluğunda, yəni Təkamül Sıçramalarında bir çox hissiyata qovuşur. Bunlar başa düşülən hallardır. Lakin bu hissiyyatların məqsədinin nə olduğuna dair dəqiq bir bilgi yoxdur. Elə bunun özü də başa düşülməyən halıdır.

Quran-i Kərim bu halı əl-Xadir (Xızır) və Musa hekayəsində təqdim edir. Quranda Xızır kəliməsi yoxdur. Yolçuluqda Musaya yoldaşlıq edən adamın Elm-i Lədün bilgisinə sahib olan bir gənc olduğu ifadə edilir. Biz, Lədün elmi ilə silahlanmış gənci əl-Xadir, yəni Xızır deyə adlandıracağıq.

Musa, Təkamül Yolculuğunun mənzillərində Xızır ilə rastlaşır. Xızır ilə birlikdə yoluna davam etmək istəyir. Lakin Xızır,

Musaya xəbərdarlıq edərək, "mənimlə yol getməyə səbrin çatmaz" deyir. Musa yenə də onunla getmək istəyir.

Xızır bəzi olaylar həyata keçirir. Musanın düşüncəsinə və təbiətinə yad olan hadisələr. Musanı özündən çıxarır. O Xızırın etdiklərinə etiraz edir. Çünki Xızırın etdiklərini anlasa da məqsədinin nə olduğunu dərk etməmişdir. Qavramadığı üçün də səbr edə bilməmişdir.

Musanın təkamül yolçuluğu mənzilində rastlaşdığı Xızırla yolları ayrılır. Qısacası, Xızır Musanı tərk edir.

Çünki **Xızır, etdiklərinin məqsədinə hakim olan bir təbiəti təmsil edir.** Burada Xızır bədənli bir insanın deyil, Tanrısal bir düşüncə tərzinin təmsil edir. Və bunun dünyada mümkün ola biləcəyinin də göstəricisidir. **Xızır anlayışı: dərk etmiş və məqsədinin nə olduğunu bilən Tanrısal Bir düşüncə tərzidir.**

Bədənli heç kim, dünyada baş verənlərin məqsədi haqqında dəqiq bir bilgiyə sahib deyildir. Ancaq bu, **Tanrısal Düşüncə səviyyəsinə** çatanlar üçün mümkün ola bilər.

Həllac Mənsurun "hər mənzilin iki mənası vardır, biri anlaşılır, digəri anlaşılmaz" mövzusuna ən yaxşı örnəklərdən biridir bu Xızır-Musa hekayəsi.

Həllac Mənsur fəlsəfəsində, İlk Doqquz mənzil çox önəmlidir. Bu Doqquz mənzilin nələr olduğuna bir-bir sırayla baxaq:

- **Üsul (Ədəb və Adab)**

Varlığın ehtiyaclarından yaranan istək və arzu ilə hərəkət etməsi, qanunlara tabe olması, ilahi iradə prinsiplərinə görə hərəkət etməsi, zidd bir vəziyyət yaranmaması mənasını daşıyır. Kainatda heç bir şey nizamsız və özbaşına deyildir. Hər şey bəlli nizam və qayda-qanunla varlığını davam etdirir. Hər hansı bir yerdə hər hansı bir nizamsızlıq olsa belə, dərhal başqa bir nöqtədə onu nizama salan bir sistem dövrəyə girir.

Elmdə canlı varlıqların yaranması nizamlı bir quruluş əmələ gətirir. Yəni, yaşam içərisində bir ahəng, bir nizam vardır. Bilim adamları buna Entropinin azalması deyirlər.

Entropi: Nizamsızlığın ölçüsü mənasındadır.

Entropi aşağıdırsa bu, nizamlı bir quruluşun varlığını göstərir. Entropi Qanunu (nizamsızlıq qanunu) evrəndəki nizamı ortaya qoyan ən böyük dəlillərdən biridir. Təxminən on beş milyard ildən bəri varlığını davam etdirən kainatın hazırdakı entropisi hesablamalara görə qeyri-adi dərəcədə aşağıdır. Bu bizə kainatda bir nizamın olduğunu göstərir ki, kainatın ilk əvvəlinin çox nizamlı olaraq başladığını bildirir. Maraqlı olan başqa bir şey isə kainatdakı sistemin hər hansı bir qismində bir entropi artması olarsa (nizamsızlıq artarsa) başqa bir qismində entropi azalar (yəni nizam artar). Lakin bu artma və azalmalar keçicidir və nə qədər böyük olarsa düzəlmə də o qədər sürətlə həyata keçər.

Kainatın başlanğıcının həddən artıq nizamlı olması, özəl bir vəziyyət və simmetriya, ya da iqtisadi prinsipə tabe olaraq var olduğunu ortaya qoyur. Nəticə olaraq, kainatda tam bütün bir zəka var və kainat bir-birini tamamlayan ahənglə tam bir həyat təşkil edir.

Ədəb və adab, hər varlığın, orbitinin oxudur və bu orbit oxları dəyişməyən bir nizamla inkişaf edərək yetkinləşir.

İlahi Dövr bəlli qaydalara malikdir. Buna İlahi İradə Prinsipləri deyilir. Elmi çalışmalar isbat etmişdir ki, Kainatın işləmə nizamı da bəlli qaydalara malikdir.

İlahi iradə prinsipləri, üsul-ədəb-adabdan ibarətdir. Qısaca, dövr, dəyişməyən Ölçü və Nizam içərisindədir.

Ancaq dünya insanları bu qanunları pozurlar.Nizamın təmin olunması məqsədi ilə bir qisim tənzimləmələr aparılır. Dünya öz nizamını təmin etmək məqsədi ilə bir qisim fiziki birləşmələrin içərisinə girər. Özünü yeniləyər və nizamlayar. Zəlzələlər, sel daşqınları, buzların əriməsi, fırtına kimi fiziki yenilənmələr olur.

Bir çox insan, dünyanın bu fiziki dəyişiminin Tanrının bir cəza sistemi olduğunu zənn edər. Bu bir cəza deyil, təbiət qanunlarının ədəbə və adaba uyğun işləməsidir.

Canlılar da, adab və ədəb qaydaları içində yaşamalıdır. Ancaq bunu pozurlar. Çağlar boyunca bir çox qövmlər və insan toplumları yox olmuşdur. Bu toplumlar ehtiyaca uyğun hərəkət etmədiyi və üsulu pozduqları, ilahi sistemə zidd nizamda olduqları üçün özləri özlərini yox etmişdir.

İyerarxik nizamda mikrodan makro nizama qədər hər varlıq sistemi bu ədəbə uyğun hərəkət etməlidir.

İnsan da, ona düşən vəzifəni yerinə yetirməlidir. Bu da o insanın həyat planına uyğun hərəkət etməsi mənasını verir. Bax, bu ədəb və adabdır.

Əgər insan, ədəb və adab qanunlarına zidd gedərsə, onda bir qisim İlahi prinsip dövrəyə girər. Həyatını istiqamətləndirər. Bu bir insan üçün də ola bilər. Bir toplum üçün də ola bilər. Bütün dünya insanlığı üçün də ola bilər. Bu Tanrının bir cəzası deyil, İlahi Dövrəyə uyğun bir nizamdır. Bütün bu deyilənlər ədəb və adab anlayışı içərisində yer alır.

Üsul mənzilinə çatan insan ədəb geyimini geyinər.

• **Qorxu (Raheb)**

Qorxunun mənası, bilinməyənə qarşı duyulan qorunma halıdır. Qudsal ayələrdə "qorxun" ifadəsi sirlərlə dolu kainatda **"Tanrı axtarışlarında ilahi iradə qanunlarından çəkinin, axtarın, ancaq ölçülü olun, taraz olun"** ifadəsinin mənasını daşıyır. Çünki Allahın tərəzisi daima tarazdır, dəyişməzdir. Yaradılmış varlığın o tarazlığı pozmaq üçün hər hansı bir hərəkət etməkdən qorxması mənasını daşıyır.

Həm varlıq olaraq görünməyəndə, həm də yer dünyasındakı bəşərdə qorxunun əsas qaynağı çəkinməkdir. Buna görə də insan bilinməyənə qarşı mənasız bir qorxu hiss edər. Bu qorxu, özündən böyük bir gücün şiddətidir. Ancaq bilgiləndikcə bu qorxunun yerini daha mənalı bir qorxu alır. O ona görə də qudsal ayələrdə "bilənlər daha çox qorxar" deyilir. Bilgi artdıqca az olan qorxu, yerini daha bilgili və sanballı bir qorxuya verir. Bu heyranlıqla dolu bir qorxudur. Və varlıq təcrübələri çoxaldıqca qorxu çəkinmə halına çevrilir. Çünki Onun tərəzisinin tarazlığını bilir, varlıqların seçmə azadlığını bilər və bu hal hörmət görmə qaynaqlanan qorxma halını alır. Bu ikinci hal görünəndə və görünməyəndəki qorxu halı budur. Hörmətə görə duyulan bir qorxma halıdır.

Qorxu mənzilinə çatan insan Etimad geyimini geyinər.

• **Yorulma (nasab)**

*"Yorulduğunda təkrar işə başla" (**Quran-i Kərim, İnşirah surəsi, 7-ci ayə**)*

Yorulmayan, yorulma nədir bilməyən tək Allahdır.

Yorulma, sadəcə varlıqların fəziləti-ərdəmidir. Ancaq yorulma yoxdur, olmamalıdır. Quranda, **"Yorulduğunda boş qalma, ara vermə, təkrar işə başla"** təlimi vardır.

Varlıq yetişkinləşmə yolunda, gəlişim yolunda əsla boş qalmamalı, yorulmamalı, yorulsa belə yeriməyə, cəhd etməyə davam etməlidir. Varlığın özündə, cövhərində, gəlişmək, tərbiyə olmaq, yetkinliyə çatmaq vardır. Əsla yorulma yoxdur.

Niyyətsiz edilən hər şey yorulmağa səbəb olur. Yorulmanın əsl məqsədi niyyətsiz olmaq, məqsədsiz olmaqdır. Varlıq bədənlənmədən öncə bütün məqsədlərini müəyyən edər. Və maddə aləmlərində doğar. Bir hədəfi, məqsədi vardır və bunu ehtiyacları yönündə həyata keçirər.

Nəfsi, etməli olduğu bir şeylə, ibadətlə məşğul et! Yoxsa, o səni etməməli olduğun bir şeylə, məşğul edər, yorar (Həllac Mənsur)

Nəfs, özbaşına bir bədəndir. Yəni, insanın özüdür. Özü ilə ardıcıl məşğul olan müasir insanlıq, həddən çox yorğun düşmüşdür. Yorğun insan, **Tanrını unudan, çox az xatırlayan, ya da sadəcə dara düşdüyü zaman xatırlayan** insan deməkdir. Elə buna görə də insan yorğun və ölümlüdür.

Yorulma, yorğun olmaqdan fərqli bir məna daşıyır. Yorulma, varlığın maddəyə qarşı gücünün tükənməsi və əl üzməsi mənasındadır. Əl çəkdiyi şey dünya maddəsidir. Təsəvvüfdə önəmli bir yer tutan əlçəkmə, "tərk etmə" anlayışıdır. Maddəyə qarşı bir məsafədir. Maddə ilə özü arasında bir nəzarət mexanizminin yaranmasıdır. Tərk, insanın müqavimətinin qırılma nöqtəsinə gətirər.

Yorulma mənzilinə çatan insan Tərk geyimini geyinər.

• **Axtarma** (tələb)

Bu qırılma nöqtələrinə çatanda varlıq axtarmağa başlayar. Çünki o artıq aydınlanmışdır. Çünki diri olduğunun fərqinə varmışdır. Çünki ölümsüz və əbədi bir varlıq olduğunun fərqinə və hissiyatına çatmağa başlamışdır.

Kim nəyi tələb edərsə ona çatar.
Kim nəyi axtararsa onu tapar.

Axtarma bir xatırlamadır. Xatırlama isə Kəşf ilə ola bilər. Kəşf insan şüurundakı hissin genişləməsi, şüurluluq səviyyəsinin artması, arayışının və tələblərinin daha varlıqsal səviyyədə, daha ilahi səviyyədə olmasının təmin olunması üçündür.

Xatırlama anlayışı təsəvvüfün önəmli mövzularından biridir. Quran-i Kərimdə, **xatırla** kəliməsi çox yerdə keçər.bir çox qudsal ayədə, "xatırla" çağırışı vardır. Çağırışda "xatırla" nidası vurğulanır. Xatırla kəliməsində bir hipnozdan çıxış, oyanış və diriliş çağırışı mövcuddur. Xüsusi ilə də gələcəyə dair olayların çatdırılması və o günün şərtlərində xatırlanması çağırışı edilir. Qiyamət günündən danışılır və insana xatırla mesajı verilir. Yaxşı, bəs gələcəkdən bəhs edilən bir olayı insan necə xatırlayacaqdır. Bildiyi bir şeyi xatırlaya bilər insan. Xatırla kəliməsi ilə, beyinin işlədilməyən bir qisminin üzə çıxması və işlədilməyən yerlərin işlək hala gəlməsidir. Beyində aktiv olmayan, ya da müvəqqəti olaraq fəalyyətini dayandırmış olan hüceyrələrin, mərkəzlərin çalışmasını təmin edən bir əmr reijmi kimi görünə bilər. Hər xatırlama bir kəşfdir.

"Torpaq gəldiyi yerə qayıtmadan, ruh onu verən Rəbbə qayıtmadan, səni yaradanı xatırla!" **(Tövrat vaiz, 12:7)**

Kəşf, baxmadan görmək, qulaq asmadan eşitmək, toxunmadan hiss etmək, Tanrısal şüura varmaq, bilinməyən ilə görünənin bir olduğu tamlıq məvhumuna çatmaqdır.

Şüurun açılması kəşflərlə olur. Kəşf etmək üçün "axtarmaq" gərəkdir. Donmuş və məhdudlaşdırılmış şüur ilə axtarma məqsədə uyğun nəticə verməz. Şüur sərhədlərinin açılması kəşflər ilə mümkündür.

Xatırlama, mahiyyətdəki bilginin üzə çıxması, iyerarxik olaraq ruhi durumdan maddi bədəninə keçirilməsi, vəziyyətinin

fərqinə varması və sonsuz yolçuluğun mistik olaraq dərk edilmə-
si ilə mümkündür.

Axtarma mənzilinə çatan insan, Xatırlama geyimini geyinər.

• **Heyrət (əcəba)**

Heyrət halına gələn varlıq, əslində ən önəmli haldadır.
Heyrət, təsəvvüfdə bir məqamdır. "Heyrət məqamı" olaraq
bilinir.

İnsan nəhəng kainatda nöqtə qədər kiçik bir zərrəcikdir.
Önəmsiz və kiçik bir detal olduğunu düşünər.Buraya qədər nor-
mal insan düşüncəsidir.

Ancaq, o nöqtəcik qədər kiçik zərrənin necə qiymətli oldu-
ğunu öyrənmək varlığı heyrətə salar.

Heyrət durumu aydınlanmanın ən ilkin mərhələlərindən və
önəmli fəzilətlərindən biridir. Heyrət etmə xoşbəxtlik və rahat-
lıqla birlikdə gələr. Varlıq, kainatda tutduğu balaca bir sahə qədər
olanda da qəlbində kainatı daşıdığının fərqinə varar. Və heyrətə
düşər.

Bu heyrət halı, qəlbindəki öz mahiyyətini fərq etməsi ilə baş-
layar. Qəlbindəki incinin kəşfi insanın heyrətidir. Böyüklükdəki
kiçiklik, kiçiklikdəki böyüklükdür.

Heyrət halı yetkin olmağın ən önəmli pilləsidir.

"Nə tərəfə baxsan Onun üzü oradadır" ***(Quran-i Kərim,
Bəqərə surəsi, 115-ci ayə).***

İnsan kiçik aləm, kainat böyük aləmdir. Böyük aləm olan ka-
inat, kiçik aləm olan insanın könlündə gizlənmişdir. Təsəvvüfdə
bu anlayış "Könül incisi" adlanır.

Elə o inci, təsəvvüfdə "Vicdan səsi" olaraq da bilinir. İncini kəşf edən insan, aləmlərin Rəbbinə qədər uzanan iyerarxik bir quruluşdan xəbərdar olar.

Bunun fərq edilməsi insanı heyrətə salır. Böyüklük qarşısındakı ərdəmin fərqinə varması insanın heyrətidir.

Heyrət Məqamı suallar dənizidir. Suallarına cavablar axtaran insan, "görəsənlərlə" dolu suallar zəncirinin kor quyusuna düşər. Axtarmağa, tələb etməyə başlar. Varlıq nəyi tələb edərsə onu yaşayar və bu onun heyrətdən heyrətə yol getməsini təmin edər.

Heyrət mənzilinə çatan insan Heyrət geyimini geyinər.

• **Yıxılma** (Adəb)

Aydınlanma mərhələsindəki varlığın ucalıq qarşısında düşdüyü heyrət yaxın vaxtda onun yıxılmasına səbəb olacaqdır. Əgər bu heyrət halını düzgün dəyərləndirməzsə, özünü böyük görərsə, Tanrı olduğunu zənn edərək lovğalığa düşərsə, yıxılma halı da yaşaya bilər.

Yıxılma halı bir çox vəziyyətdə araşdırıla bilər. Kiçik bir sirrin içindəki dünyanın kəşfinə varıb da özünü Tanrı kimi görərsə, çox keçmədən bir yıxıma fəlakətinə uğrayacağı dəqiqdir. "Mən" kəliməsi bir ilah kimi işlədilərsə, kainatta iki ilah ortaya çıxacağına görə, insan özünü kiçik bir Tanrıcıq kimi görəcəkdir. Hər şeyi bildiyini, gördüyünü, artıq mütləq bir gücə çatdığının sərxoşluğu içərisində böyüklük iddia edəcəkdir. Elə o zaman mütləqə qarşı bir peşmançılıq yaşayacağı, yıxılacağı və xəyallarının reallaşmayacağı dəqiqdir.

İnsanlığın indiki vəziyyəti budur. Yıxılma anı isə qiyam etmədir. Hər şeyin yıxılması, tutulan budaqların qırılıb əllərdə qalması, görünən hər şeyin ardındakı enerjinin fərqinə varılması, yalnız, tərk edilmiş bir varlıq kimi görünən insanın, əslində, kainatda bir çox yaşam formalarının da varlığının kəşf edilmə-si, ortaya çıxması, bədən olmadığının, əslində, ruh olduğunun fərqinə varılması, vədlərin boşa çıxması, hamısının bir yol oldu-ğunun fərqinə varılması, yıxımın, qiyam etmənin təməlini təşkil edəcəkdir.

Görünənin ardındakı enerji ilə dopdolu bir kainatın, sayısız yaşam formalarının, bir nəfəslik dünya həyatının müvəqqətili-yinin hamısının bir röya olduğunun, əylənmə və dincəlmə yeri olduğunun başa düşülməsi yıxılmasına, darmadağın olması-na səbəb olacaqdır. Bax, o zaman, üzlər baxmalı olduqları yerə -rəblərinə tərəf dönəcək. O gün qaçmağa heç bir şey, heç bir yer olmayacaqdır, tək bir nöqtə, tək bir bilgi üstündə qərar tutula-caqdır. Sırf bədən olmadığını, yaşamın **məqsədli bir yolçuluq** olduğunun fərqinə varan insan ölümsüz olduğunu anlayacaqdır.

Könül incisi, ancaq yıxılmış, viran olmuş bir könüldə üzə çıxa bilər. Çünki maddəyə tapınan abidələrin bir-bir yıxılması və o yıxıntılar arasında, toz duman içində görünən işıq vicdan işığıdır və o işıq ancaq tarımar olmuş bir ürəkdə ola bilər. İnsan nəsə edərsə və sonunda alt-üst olarsa, bu ərdəmli bir vəziyyətdir.

İnsan, yıxılma anında yalnız olmadığını anlar. Özünə "Şah damarından yaxın" olan Rəbbini hiss edər.

Bu fəzilətli hiss ediş özü bir ilhamdır.

Yıxılma mənzilinə çatan insan İlham geyimini geyinər.

• **Coşqunluq (Tarab)**

İnsanın öz könlündəki incini kəşf etməsi yüksək səviyyə-li bir enerji meydana gətirər.Bu yüksək ərdəmli enerjini dün-yaya axıtması bir coşqunluq halıdır. Ariflərin, peyğəmbərlə-rin möcüzələri, dünyadan kənar, idrakdan kənar hərəkətləri, sözləri, mənaları açıqlamaları, sirli sözləri, coşqunluq hallarıdır. Coşqunluq Tanrısal ölçüdən gələn ilahi nurun dünyaya axmasıdır. Təsəvvüfdə "dünya övliyaların üzü suyu hörmətinə var olur" anlayışı ilə açıqlana bilər. Coşqunluq sayəsində ilahi nur dünya maddəsinə axa bilər. Coşqunluqla axan İlahi nur, təsəvvüfdə "Diri Sular" anlayışıdır.

Dünya maddəsinin quru torpağı diri sular ilə sulanır. Diriliyin, nurların dünya maddəsi ilə qaynaşması, enerji ilə dolması, sulanması və bərəkətlənməsi mənasındadır. Bu ancaq insan varlığının ərdəmli coşqunluqla axışı ilə mümkündür.

Bu coşqunluq halını Həllac Mənsur "İnsanın ayaqları, başının üzərinə gələr" özü ilə ifadə edir.

Fəzilətli Coşqunluq halı Eşq halıdır.

Eşq ilahi bir sevgidir və bütün yaradılışın xamurudur. Eşq olmasaydı nə biz olardıq, nə dünya, nə buludlar, nə yağışlar, nə də çiçəklər, heç bir şey olmazdı. Yoxdan var olmanın əsas gayəsi EŞQdir. Bax, o eşq, ilahi enerjinin dünyaya enməsi, axması, gürhagur yağması, diri suların dünyanı bəsləməsidir. Bax, varlıqların bəslənməsi bunun üçündür.Əgər nəfəs ala biliriksə, Eşq sayəsində nəfəs alır və yaşayırıq. Yaşam məqsədimiz budur, nuru maddəyə axıtmaq və varlıqların bu axmadan bəslənmələrini təmin etmək.

Coşqunluq mənzilinə çatan insan Eşq geyimini geyinər.

• Tutqu (Şərəh)

Həllac Mənsur fəzilətli Coşqunluğa, "ayaqların insanoğlunun başının üzərinə doğru yüksəlməsi" olaraq ifadə edir. Bu vəziyyətdəki insan, dünyanın mənfi təsirindən sıyrılır. Ehtirasının əsiri deyil, onları idarə edən olur. Eqosuna nəzarət edir. Bu hallar insanı tutquya doğru yönəldir.

Hər bir mənzildə tələlər olur və bu tələlər varlığın qabiliyyə-
tini və etibarını oyadır. Əgər bu mənzilə uyğunlaşmazsa, sonrakı
mənzilə keçə bilər. Təsəvvüfdə " hər mənzil atəşli yolların, dar
cığırların yoludur" anlayışı vardır.

Tanrıya gedən yollar hamısı kələ-kötürdür. Rahat deyildir.
Əksinə, izdirablı və acılarla doludur. Hallisünasiyalarla doludur.

İnsan, **Bilgi aldım, Həqiqətə qovuşdum, Tanrıya yaxınlaş-
dım** dediyi anda darmadağın olar.

Budur, qabiliyətli və etibarlı olmaq çox böyük bir könül işidir.
Mənzillərdə ən önəmli anlayış səbrli olmaqdır. Hallüsinasyalara
və aldanmalara yol verməməkdir.

İnsan Tanrı Yoluna girdiyində hər mənzildə bir az yetişib ka-
milləşir və bir sonrakı mənzilə ancaq o zaman keçə bilir.

Yetişmə və inkişaf halı çox önəmlidir. Təsəvvüfdə "Qor od
halına gəlmiş bir qəlb" olaraq ifadə edilir. Qəlbi maddə hərisliyi
ilə deyil İlahi Eşqlə dolu olur.

Sevdalı adamın halı təsəvvüfdə "Eşq bütün vücudunu qo-
vurmuş, yandırmışdır. Ondan heç bir şey qalmamışdır" ifadəsi
ilə təsvir edilir.

Elə bu vəziyyət də insanın sevdasıdır. Bu sevda insanın işıq
saçmasına səbəb olur. İnsan artıq aydınlanmışdır. Ətrafındakı
insanlar azalır. Yalnızlaşır. Yalnızdır, ancaq yalnız olmadığının
şüurundadır. Çünki Tanrıdan İlham alır. Bu insana öz yalnızlı-
ğını unutdurur.

Tutqu mənzilinə çatan insan Yalnızlıq geyimini geyinər.

• **Doğruluq (nəzəh)**

Doğruluq, tamamlanma və arınmanın başlanğıcıdır. O qapı-
dan **Doğruluq Dairəsinə** girmək üçün yanmaq gərəkdir. Çünki o
qapı, ancaq və ancaq formasız olana açılacaqdır. Əslində, ortada

bir qapı da yoxdur, eşq ilə, tutqu ilə yanan və formasız olan nurun işığı ilə dairənin içinə giriş mümkündür. Dairənin içinə girmək və çıxmaq deyə bir vəziyyət də yoxdur. Doğruluq ilahi bir dairədir və artıq orada rahatlıq, dinclik və varlığın bütünlüyü, Rəbbini tanıması vardır. Rəbbin nə olduğunun bilgisinə varmaq vardır. Uca mənliyin sonsuzluqda yellənən, ilahi nurun enerjisinin və ruhun mahiyyətinin bilinməsidir bu. Bu doğruluq dairəsidir. Çox çətin yollardan, dar cığırlardan, odda yanaraq arınmalarla qət edilən və formasızlığın idrakı ilə dairənin yaranması, cövhərin–mahiyyətin bilinməsi ilə mümkündür. Bu doğruluq dairəsidir. Çatılması vacib olan ən önəmli tamamlamadan və ən uzun mərhələlərdən biridir. Çünki formasızlıq nurdur və bu ilahi bir axışdır, enerjidir. Tam bir oyanışdır. Kiçik dairənin tamamlanmasıdır. Bütün mərhələlər dairənin çevrəsini əmələ gətirir və formasızlıqla dairənin son nöqtəsi də tamamlanmış olur. Və varlıq tam bir dövrə ilə tamamlanır. Tamamlanma bir son deyil, başlanğıcdır.

Doğruluq Dairəsi ilə kiçik dairə tamamlanmışdır. Hər tamamlanma bir başlanğıcdır, əsla, son deyildir, diri olan kainatda, əsla, son yoxdur, hər daim başlanğıc vardır.

"Doğruluq Dairəsi" başlığı haqqında daha sonrakı bölümdə bəhs ediləcək.

Doğruluq mənzilinə çatan insan Həqiqət geyimini geyinər.

10 və 40 arası mənzillərin açıqlamaları:

Bundan sonrakı mənzillər, bu doqquz mənzili də içinə alaraq, davranış və hərəkəti təyin edir.

Ərəb dilindəki sidq anlayışı təsəvvüfdə çox önəmlidir. Sonrakı bölümlərdə bu anlayış daha ətraflı izah olunacaqdır. Sidq, yəni sadiqlərdən olmaq halıdır. Sadiqlər anlayışı təsəvvüfdə bir Məqamdır. Sadiqlər Məqamına çatmaq və sadiqlərdən olmaq Həqiqəti təmsil edir. Sadiqlər Məqamı, vicdan kanalının, hiss edilməsi haq və həqiqətin açıq-aydın ortaya çıxma halıdır. Artıq varlıq, görünənin ardındakı görünməyənlərə çatmışdır. Bu, onun öz qəlbindəki işığı yandırması ilə mümkün olmuşdur. Çatılması arzu olunan, səbirlə razı olunan, alicənab bir haldır.

Ancaq hər mənzil tələlərlə, aldatmalarla doludur.

Oddan isti, qıldan incə, qılıncdan kəskin bir yoldur. Döngələri, dərə-təpələri, sınamaları ilə doludur. Oldum dediyi zaman olmadığını, yetişdim dediyi zaman yetişmədiyini, çatdım dediyi zaman çatmadığını bilmək gərəkdir.

Hər mənzilin görünən və görünməyən anlayışından bəhs edir Həllac Mənsur. Görünən halı eqonun tam olaraq tərbiyə edilməsi halıdır.

Eqo tam kamilləşdiyi anda, gözlənilməyən bir hal ilə sınanar. Rəb anlayışı, yəni tərbiyə edən sistem qəfil, heç gözləmədiyin bir anda dövrəyə girər və qəfil bir olayla varlığa üstün gələ bilər. Varlığın darmadağın olduğu vəziyyətdə verdiyi reaksiyaya görə davam edəcəyi gözlənilir.

Səbri, qabiliyyəti və şükür halı imtahan edilir. Varlıq heç xəbəri olmayan yerdən imtahan olunur. Çünki nemət verildikdə şükür edən, bəla gəldikdə isə üsyan edən bir varlıq halına çevrilmək çox asan bir məsələdir.

Bu hər anın, hər saniyənin bir sınama və tərbiyə məqsədi ilə olduğunun unudulmaması vacib olan bir vəziyyətdir. Heç bir zaman "tam olma" halı meydana gəlməz. "Mənzilin tam haqqını verdim" dediyi anda, başqa bir mərhələyə keçməsi də bir an məsələsidir.

İnsan yaşadığı müddətdə, yəni bədəndə olduğu müddətdə tərbiyə və sınama heç vaxt sona çatmayacaqdır. Tükənmək kainata yaraşmayan bir haldır. Qurtarma-tükənmə və son yoxdur. Hər kəs qurtarmanı və sonu bilmək istəyər. Başlanğıcı bilməyən sonu da bilə bilməz. Başlanğıc nədirsə son da odur. Varlıq hər zaman yenidən, yenidən başlayar.

Yenilənmə, çevrilmə, yaratma daim diridir və sonsuzdur.

Varlığın Sidq olması, tam İmanlı olmasıdır.

Dünyada yaşamaq asandır. Maddi dünya ilə dostvari yaşamaq da asandır. Lakin Tanrıya gedən yol çətindir. Çətinliklərlə doludur. Hər saniyənin bir əhəmiyyəti vardır. Varlıq hər an bir sınaq içindədir.

Təsəvvüfdə "tarazlıq" anlayışı çok vacibdir. İnsan həm Tanrıya gedən yolda olub, həm də dünya maddəsiylə ahəngdarlığını-tarazlığı qoruya bilər. **Bu bir qabiliyyətdir.**

Bu qabiliyyəti qorumaq, həm də çağın ehtiyacını yerinə yetirmək lazımdır. Təsəvvüfdə "Əl ətək çəkmək" anlayışı vardır. Dünyadan əlini ətəyini çəkmək mümkün deyildir. Bu Ariflərin və Peyğəmbərlərin sınanmış yoludur. Tanrıya çatmağa çalışan insanlar üçün deyil.

Tamamən çəkilmə, yox olma, mücərrədləşmə, heçləşmə halından söhbət gedə bilməz. Çünki həm həyatla iç-içə olma, həm də həyatın bir sınama yeri olduğunu unutmamaq, daima xatırlama vəziyyətində olmaq gərəkdir.

Hamımız bilirik. Sokratın bu məşhur sözünü: "Ölçü yaxşıdır", deyir.

Ölçü anlayışı, təsəvvüf "tarazlığa" işarət edir. İnsan Tanrıya gedən yolda tarazlıqda olmalıdır.

Tarazlığı təmin edən varlıq artıq ətrafına işıq saçır. Danışığı doğruluqdan ibarətdir. Tərəzini daima tarazlıqda tutmaq onun vəzifəsidir. Bunu edə bildiyi nisbətdə irəliləyə biləcəkdir. Yoldaşlıq, sadəcə, danışma ilə olmur, örnək olma halı ilə də mümkün olmağa başlayar. Artıq varlığın enerjisi, aurası elə genişlənmişdir ki, kilometrlərlə sahədə hiss edilir. İşığı ilə işıqlandırır, danışmasa da ruhdan ruha axışlar baş verir. Dillərin, bədənlərin deyil, ruhların danışması başlayar. Onun yanında özünüzü rahat və sakit hiss edərsiniz. Rahatlıq, dinclik başlayar. Keçmə, sadəcə, danışma ilə, ünsiyyət ilə deyildir. Görünməyən enerji əhatə edər, bürüyər, çulğayar.

Varlıq azad olmağa başladığı andan etibarən əlində olan bütün səlahiyyətləri, sahib olduğu hər şeyi, sadəcə, vasitə olaraq istifadə etməyə başlayar. Çünki o görünənin ardındakı görünməyən sirrə varmışdır. Hər şey onun irəliləməsi və inkişafı üçün bir vasitədir. Onlara tapınmaz, sadəcə istifadə edər. Mümkün olduğu qədər də eqosunun maddəyə qapılıb sürüklənməsinə əngəl olar. Çünki tarazlıqdadır və nəzarətdədir.

Spritualizm "hər varlığın bir ruhu" oluğunu deyir. Bilim "hər varlığın bir titrəşimə sahib" olduğunu sübut edir. Qudsal Kitablar da "Hər varlığın Rəbbi olduğunu" deyir. Quran-i Kərim "Rəb" anlayışına geniş yer vermişdir. Kitabımızın sonrakı bölümlərində bu mövzu daha ətraflı veriləcəkdir.

İnsanın rəbbi, insanı tərbiyə edən qoruyan plandır. Quranda "İnsanın Rəbbi, aləmlərin Rəbbi, sabahın Rəbbi, gecənin Rəbbi" olaraq bir hiyerarxiyanı gözlər önünə sərir. Rəb anlayışı, qoruyucu bir sistemdir. Heç bir varlıq sərbəst və özbaşına deyildir. Hər varlıq bəlli bir sistemə uyğun həyatına davam edər. Fəqət bu sistemləri idarə edən daha böyük mürəkkəb Rəbb planları mövcuddur. Bu planlar, böyük təşkilat işlərini təftiş edər və qüvvəyə mindirər. Təsəvvüfdə "Allah quluna, qulu ilə əl uzadar" deyilən vacib bir anlayış vardır. Tanrı bütün işlərini varlıqları sayəsində həyata keçirir. Bu insanlar vəzifəli insanlardır. Həllac Mənsur bu vəzifəli insanları, Seçilmişlər, ya da Tanrının Əsl Dostları adlandırır. Seçilmişlər və Tanrının əsl dostları, Rəbb planlarının təşkil etdiyi vəzifələri yerinə yetirirlər. Rəbb planlarına daxil olan insanlar, Tanrıya çatmaq yoluna girən insanlardır. Bunlara təsəvvüfdə **Sadiqlər** adı verilir.

Fəqət, Quran, "Sadiqlərlə bərabər olun" deyə xəbərdarlıq edir. Qısacası, Sadiqlərdən olmaq çətin bir yoldur. Sadiqlərlə bərabər olmaq işin bir az daha asan yoludur.

Sadiqlərinn yolu çətin bir yoldur, demişdik. Tanrıya çatmaq üçün çıxılan yolun yolçuluğudur bu. Varlığın bədən ilə qəlb birliyi, koordinasiyalı bir şəkildə əlaqəyə keçmişdir. Bir-birinə nə çox uzaq, nə də çox yaxındır. Sınaqlar daima davam etməkdədir. Daima tarazlığı qorumaq məcburiyyətindədir. Ancaq hər duraqda bağlı olduğu plan dəyişir və fərqli yönlərdən ilhamlar almağa başlanır. Bu ilhamlar onun bəsləndiyi əsas qaynaqdır, bulaqdır, can suyu, həyat planıdır. Hər insan bəlli bir plan üzrə doğulduğu kimi, həyatı boyunca müxtəlif planları həyata keçirə bilər və planı dəyişdirə bilər. Hər plan isə onun üçün bir bəslənmə qaynağıdır.

Quran-i Kərimdə Kövsər surəsinin birinci ayəsi olan **"Biz sənə Kövsəri verdik"** cümləsində bəhs edildiyi kimi.

Təsəvvüfdə "Kövsər" anlayışı çox önəmlidir. Kövsər bir planı təmsil edir.

Verilən Kövsər simvolik olaraq nemət və bolluq, ruzi və rəhmət planıdır. Burada hz. Mühəmmədin bəsləndiyi plan açıqlanmaqdadır. Axan, tərtəmiz, büllur qaynaqdır, bulaqdır, ruhu bəsləyən və ruhlara axan, sadəcə özünü deyil, ətrafını da bəsləyən güçlü çeşmədir. Tanrıdan aldığı ilhamı insanlara verməyi bacaran bir varlıqdır.

Ayaq basdığı torpaqdan bəslənmə və eyni zamanda da bəsləyən durumu yaranmağa başlayır. Bu alış-veriş daimidir, çünki kainat özü dami almaqda və eyni anda da verməkdədir.

Ən önəmli olan ən çətin vəziyyətdəykən alış-veriş halını qoruya bilməkdir, ən çətinlikdə olarkən yaradıcı ola bilmək və ən çətinlikdə ikən yarada bilməkdir. Buna görə də hər zaman kainatla rezonans halında qalmaq asan deyildir, hətta imkansızdır. Eyni tembrdə, eyni ritmdə, eyni titrəşimdə, eyni rezonans halında davamlı olaraq qala bilmərik. Hər kəsin bir həyatı və yaşantısı vardır və bunu davam etdirir: ehtiras duyar, əsəbləşir, şübhə duyar, kədərə düşər, yalnız qoyulduğunu düşünüb kədərə qərq olar, sevər, Eşqlə dolar, aşiq olar, xoşbəxt və huzurlu olar, kabus görər, coşar.

Bütün bunlara rəğmən edilə biləcək ən doğru şey, sakit qalmağı bacara bilməkdir, ikinci addım isə müşahidə edə və doğru qərarı verə bilmək üçün düşüncələri analiz edə bilməkdir. Bizim bütün coşqun hallarımız bizim gerçək özümüzü-mahiyyətimizi pozmaz.

Bunu bilməliyik ki, bir olay iki dəfə təkrar etməz. Etsə belə insan artıq yetişkinləşmişdir və ona görə də eyni olaya verdiyi reaksiya fərqli olur.

İnsan da olaylar da yenilənir və həyat davam edir.

Yenə də mənzillər anlayışına davam edək: Qüvvətli olma, israr etmə, sonsuz çeşmələrdən bəslənmə, diri olan sulardan içmə və axıtma, tam bir iman halı, qığılcım olmadan yandıra bilmə, heç bir səbəb yox ikən, vasitəçi yox ikən nuru ötürə bilmə, sonsuz enerjidən bəslənə bilmə, ölçü və nizama uyğun hərəkət etmə, tərəzini daima tarazlıqda tuta bilmə və düzgün ola bilmə, əzəldən əbədə olan mistik yolçuluqda, qazanılan bütün bilgiləri tətbiq etmə, idrakla cövhərə ötürə bilmə və bunu istifadə edə bilmə, xatırlaya bilmə və bu xatırlamanı sabit tuta bilmə bacarığını və qabiliyyətini qazana bilmə, bilgilərə çatma və qeyd etmə lövhəsindən bəslənmə, bəsləndiyini ötürə bilmə və imtahan edilmə, imtahan edə bilmə qabiliyyətinə sahib ola bilmə durumlarından bəhs edilir.

Mənzillərdən xəbərsiz olanlara nə olacaqdır? Milyonlarla insan Tanrıya varma yolunda heç əziyyət çəkməzlər. Hətta bundan xəbərləri belə yoxdur. Yaxşı, bəs onlar nə edəcəklər?

Tanrıya çatma yolunda Aydınlanan və bu yola girənlər, həyatlar boyu davam edən mistik bir yolçuluğa başlarlar. Bu yoldan və yolçuluqdan heç xəbəri olmayanlar da, qiyamətdə sürətləndirilmiş şok təsiri ilə kamilləşəcəklər. Hər iki ehtimalda da nəticə qaçınılmazdır.

Baxmadan görənlər, qulaq asmadan eşidənlər və könül gözüylə iman edənlər.Qiyam etmə, aydınlanma, kim olduğunu bilmə, özünü itirdiyi yerdə axtarma və özünü bilmə zamanı çox yaxınlaşmışdır. Bu da ancaq şok təsirlə olacaqdır. Çünki insanlar, son Nöqtə olmadan, uçurumun kənarına gəlmədən kim olduqlarının fərqinə varamayacaq haldadırlar. İndiyə qədər gələn bütün bilgilər insan üçündür və insanlıq üçündür, fəqət heç biri gerçək mahiyyətində başa düşülmədi. Qiyam zamanında, hər bilgi gerçək dəyərində, layiq olduğu mənada və izah olunacaqdır. Edə biləcəyimiz ən doğru şey, imanla hərəkət etməkdir.

İman etmək, özünün nə olduğunu bilmək, Rəbbini bilmək və sonsuz yolçuluqdakı məqsədi anlaya bilməkdir. Bunu dünyadakı yaşamına layiqi ilə keçirə bilmək və hərəkətə çevirə bilməkdir. Bu qabiliyyətə sahib olmaq üçün, bir şoka ehtiyacımız vardır. Fiziki qiyam, ya da şüurlarda yaranacaq bir qiyam ilə özümüzün olduğunu anlaya biləcəyik.

İman etmək, nə heç bir dinlə, nə də heç bir təlimlə bir tutulmamalıdır. İman hər şeydən uzaq, bütün dünyasal və maddi dəyərlərdən kənar öyrəndiyimiz bütün bilgilərdən üstün bir anlayışdır.

Bu ancaq və ancaq görə bilmədiyimiz bir dəyərə, görmədən sahib olmaqdır. Görmədən bilməkdir, görmədən inanmaqdır, şüurlu inancdır. Kor-koranə inanc deyildir. Bütün qəlbi ilə və bütün mənliyi ilə olan bir inancdır. Bilmə halıdır. Təsəvvüfdə bu duruma "İman atəşi" adı verilir.

İman atəşiylə yanarkən dünyəvi heç bir od sizi yandırmaz.

İşarət alan, yəni hidayətə çatan isə artıq doğru yolda irə-liləyən, işıq saçan, iradəsini ilahi iradə qanunlarına görə idarə edən, nəfsini tərbiyə etmiş, başlanğıca doğru gedən varlıq olmuş-dur. Ölmədən Tanrıya çatmış, ruhunu Rəbbə yönəltmiş, işığı ilə arınmış tərtəmiz bir imanla və ürəklə yoluna davam edən varlıq olmuşdur.

Həllac Mənsurun xüsusi diqqətlə bəhs etdiyi qırx mənzil bir-biri ilə iç-içədir, onun bir sıralaması yoxdur, varlıq hər an in-kişaf edir, istedad qazanır və məzilləri bir-bir keçərək başlanğıca çata bilir.

Və artıq dünyada doğulmasına da ehtiyac qalmaya bilər. Bəlkə də vəziflənmiş olaraq istəkli və iradəli bir şəkildə təkrar gələ bilər. Bu olduğu, ya da ləyaqəti nisbətində çatdığı plandan yay kimi gərilər və tam çatmalı olduğu nöqtəyə çatar, daha son-ra yenə eyni planına geri dönər. Bəsləyən, eyni zamanda da bəs-lənən vəziyyətində olur.

Tomas "İncil"ində çox mənalı bir söz var: **Sonu axtardığı-nıza görə başlanğıçın pərdəsinimi açdınız? Çünki başlanğıc hardadırsa, son da orada olacaq. Məsud o kimsədir ki, baş-lanğıcda duracaq, sonu biləcək və ölümü dadmayacaq.**

Hər peyğəmbər, aid olduğu planın bir təmsilçisidir. Və bunu qorumaq ilə vəzifəlidir. Həllac Mənsur bunu bu şəkildə izah edir: **"Bunu ancaq peyğəmbərliyin sınanmış yolu ilə gedən anlaya bilər. İki yay məsafəsində yaxınlaşan və şəkillər lövhəsindən o tərəfə keçə bilən qavraya bilər."**

Biz də bunu bu şəkildə anlaya bilərik: Kvant dünyasından kənara çıxa bilən, yəni doğruluq dairəsindən çıxan anlaya bilər. Bu, varlığın Meracıdır. Merac mövzusu sonrakı bölümdə kiçik başlıq olaraq izah edilmişdir.

Meracı həyata keçirmək varlıq üçün mümkündür, ancaq mümkün olan ən önəmli hal isə **bədənli ikən bunu qavraya və güclü şəkildə xatırlaya bilməkdir.**

Həllac Mənsur "Ənə-l Həqq" sözü ilə bu gerçəyi ortaya qoymuşdur.

Çünki Həllac Mənsur bunu ən güclü şəkildə xatırlayandır.

Xatırlaması, Doğruluq Dairəsindən kənara çıxmadan ortaya qoyduğu çox güclü bir inancdır. Çünki heç bir varlıq bədəndə ikən öz planından birbaşa bilgi və işıq ötürməz. Tam açıq şüura isə ancaq peyğəmbərlər və peyğəmbər işığı olanlar çata bilmişdirlər.

Həllac Mənsur, **"Həqiqətin həqiqətiyəm.Sirrin sirriyəm, dəlilin dəliliyəm, bütün kainat qəlbimdə, mən də bütün kainatın qəlbindəyəm, gerçəyin gerçəyiyəm, yaradıcı gerçəyəm"** deyə ifadə edir.

Xalqdan olan sadə insanlar bu sözlərin mənasını qavrayammaz. Dilə də gətirəmməzlər. Bu cümlələrin mənasını da ancaq açıq şüurlular anlaya bilərlər.

İsa dedi: **Hər şeyin üzərində olan işıq mənəm. Bütün mənəm.Bütün məndən çıxdı. Və Bütün mənə çatdı. Ağacı yarın, mən oradayam, daşı qaldırın, məni orada taparsınız** (Tomas "İncili").

Hər mənzilin bir təcrübəsi, bilgisi, idrakı və ləyaqəti vardır. Son da Tanrıdır, Başlanğıc da Tanrıdır.

Doğruluq dairəsi

Doğru nədir? Həllac Mənsura görə Doğru Haqdır (əl-Həqq).

Doğruluq Dairəsi, Onun özü deyil də, ancaq olduğu yerdir. Onun olduğu yer ilə özü eyni deyildir. Olduğu yer doğruluq dairəsidir. Tövhidin simvoludur, ancaq Tövhidin özü deyildir. Onun iradəsini, hökmünü, qanunlarını, ilahi iradə prinsiplərini əhatə edir. Doğruluq dairəsi, görünən və görünməyən hər şeyi bürüyər. Çünki görünən və görünməyən bilgisi özündə- cövhərində mövcuddur. Doğruluq Dairəsi, əzəmətlidir və görkəmlidir.

Həllac Mənsur, Doğruluq Dairəsi mövzusuna böyük əhəmiyyət vermişdir. Buna görə də bu mövzu ayrıca bir başlıq altında izah edilməlidir.

Əvvəlcə insanın Həllac Mənsur fəlsəfəsinə görə tərifini verək.

Əlif hərfi ərəbcədir. Quran-i Kərimdə surələrin başlarında olur. Əlif gizlidir və görünməyəndir. Əlif olmadan heç bir hərf dilə gəlməz. Əlif Tanrısal bir ifadədir. Görünməyəni təmsil edir. Əlif olmadan səs olmaz.

Be hərfi ərəbcədir. Bismilləhir rahmənir rəhim kəliməsinin əvvəlində gəlir. Be-nin səsə gəlməsi üçün əlifə ehtiyacı vardır. Əlif olmadan Be hərfi səsə çevrilməz və o kəlimə deyilə bilməz. Quran əlifin nəfəs verməsi nəticəsində Be ilə başlayır. Be, insanın simvoludur. Be Tanrısaldır. Tanrıdandır. Lakin Tanrının özü deyildir. Əlif ilə nəfəsə qovuşan Be-dir. Əlif olmasa Be olmaz. Əlif nəfəs verməsə Be dirilə bilməz. Be-yə can verən, həyat verən Əlifdir.

Gizlidə Əlif (ا) ilə açıqda B (ب)-ni təmsil edən İnsan, mənzillərin doqquzuncusuna çatdığında, Doğruluq Dairəsinə giriş fəzilətinə çatmış deməkdir. Doqquzuncu mənzil olan Doğruluq, mənzillərin ən önəmlisidir. Çünki burada kiçik dairə tamamlanmışdır.

Bu, çətin yolçuluqda, addım-addım irəliləyən və əngəlləri aşan B varlığının, Doğruluq Dairəsinə çatdığının ifadəsidir.

Doğruluq dairəsi, **həyat ağacı** simvolu ilə işarə edilir. Candır, yaşamdır, ruh, maddə və zaman ölçüləridir. Çoxluq olaraq, müxtəliflik, fərqlilik olaraq təzahür edir. Doğruluq dairəsi çevrilmənin birbaşa özüdür. Çevrilir və çevrilmə əbədidir. Əsla, yox olmaz, artmaz. Rəqəm olaraq nədirsə daima da odur.

Ol və Yaratma, bunlar iki fərqli anlayışlardır. Lakin insanlar bu iki anlayışı bir-birinə qarışdırırlar. Allahın "Ol" deyərək varlıqları vücuda-meydana gətirməsini **yaratma** olaraq bilirlər. Ancaq belə deyildir. Ol kəliməsi, **yoxdan var olma**, yəni **vücuda gəlmədir**. Yaratma isə "Ol" kəliməsindən sonra başlar.

Doğruluq Dairəsini yaxşı başa düşə bilmək üçün, bu iki anlayışı ətraflı araşdırmaq lazımdır.

"Ol" əmri və yaratma hadisəsi fərqli mənalar daşıyır.

Ol əmri ilə yaranan İlahi Cövhərlər: Ruh, maddə, zaman anlayışlarıdır. Bu cövhərlər Özdür, Tanrısaldır və Bənzərsizdir.

Bu cövhərlərin ortaq kombinasiyalarından Yaratma hərəkəti başlayır.

Yaratma dedikdə palçıqdan **yoğrulma** məsələsi nəzərdə tutulur.

Kainat yaradılır. Kainat, bənzərsiz olan atomlardan ibarətdir. Titrəşimli formada canlıdır. Lakin diri deyildir. Diri kəliməsi Tanrısal ölçüdə Hayy kəliməsidir.

Atom ölçüsündə olan Kainatın, Dirilmə məsələsi həyata keçməlidir.

Tanrı, öz səsi ilə yaratdığı cövhərlərin ortaq kombinasiyasından yaranan Kainatı Nəfəsi ilə dirildir.

Maddənin Dirilməsi, titrəşmə səviyyəsindən Hayy səviyyəsinə keçməsidir. Beləcə, durğun bir enerjinin, canlı bir formaya çevrilməsi baş verir.

Həllac Mənsur bu Diri Formaya, **Adəm Kainatı** adını verir. Bu, qudsal kitablarda bəhs edilən "Xəlifə təyin edilməsi" mövzusudur.

Adəm Kainatın prototipidir. Öz və Cövhər baxımından Mükəmməl, Taysız-bərabərsiz və Bənzərsizdir.

Adəm bir anlayışdır. Əkili torpaq mənasını daşıyır.

Bu əkili torpaq, "Tək Nəfs"dir. Təsəvvüfdə tez-tez bəhs edilən "Nəfs" anlayışı, Adəmin Özüdür. Qısacası, Adəmin yaradıcı qabiliyyətidir.

Adəmin nəfsi, bütün bilgiləri öz içərisində saxlayır. O, Tanrının bütün adlarına sahibdir.

Yaradıcı qabiliyyətin işlək ola bilməsi üçün hərəkətə ehtiyacı vardır. Bu hərəkət, İlahi bir təcildir-impulsdur. Qısacası, Öz, yəni mahiyyət təcil qazanır. Tanrısal Hərəkət impuls qazandığı anda isə bölünür.

Qudsal kitablarda Adəm və yoldaşı olaraq bəhs edilən mövzu budur.

Quran-i Kərim bu halı bir ayəsində belə göstərmişdir:

"İnsanı, tək nəfsdən və ondan da öz tayını yaradan" **(Quran-i Kərim, Nisə surəsi, 1-ci ayə).**

Mövzunu bir az daha anlaya bilməyimiz üçün fərqli tərzdə şərh edək.

Aktiv eril prinsip Adəm, mükəmməl formadır. Canlıdır və maddə ilə ruh varlıqlarının ortaq sahəsidir. 1 rəqəmi ilə simvollaşdırılır.

Onun tayı, **passiv dişil prinsip**dir. 2 rəqəmi ilə simvollaşdırılır.

Hər ikisinin müxtəlif versiyalarından, birləşmələrindən isə törəyən, çoxalan canlı formalar meydana gəlmişdir. **Kişilər və qadınların simvolu** isə 3 rəqəmidir.

Digər kültürlərdə bu mövzudan belə bəhs edilir: **Monad (1)**, tərkibində bütün varoluşu saxlayan bütün bilgilərin tək sahibi olan varlıqdır.

Diad (2) isə monaddan törəyən onun ziddi olandır.

Və bu ikisinin ortaqlığından da **Triad (3)** törədi və çoxaldı.

Həllac Mənsur da, yaratma mövzusunu tək bir cümlə ilə açıqlayır:

"Tək olana, özü-özünü birləmək yetərlidir," **Həllac Mənsur**.

Adəm və onun Tayı anlayışlarının, önəmli prinsiplər daşıması haqqında danışdıq. Bu iki əsas anlayışın müxtəlif versiyalarından meydana gələn **"törəmə və çoxalma"** anlayışına da bir az diqqət yetirək.

Həllac Mənsur fəlsəfəsində, "Anlayış" mövzusuna geniş yer verir. Anlayış, nə qədər çoxalsa və törəsə də, əslində əsla Özündən ayrılmaz. Parçalar Bütünün bilgisini daşıyır.

Həllac Mənsur, Çoxluq anlayışların, **Tək və Bənzərsiz** olduğunu vurğulayır. Bunu, bu sözlə ifadə edir. "Tanrı Tanrıdır, Adəm Adəmdir, İnsan İnsandır." Qısaca, hər anlayış öz mahiyyətində Təkliyə, Bütünlüyə sahibdir.

Kainatda, qalaktikalarda ulduz sistemləri və planetlər vardır. Qalaktikaların cazibə sahəsində olan ulduz sistemləri və ulduz sistemlərinin çəkim sahəsində olan planetlər sistemləri. Planet sistemləri üzərində var olan organizmlər, canlılar və insanlar.

Hər sistemin özünə aid xüsusi prinsipləri vardır. Bu prinsiplərə işləmə mexanizmləri, nizamı və qanunları daxildir.

Və bütün prinsiplər Tək bir Tanrısal-ilahi prinsipə bağlıdır.

İyerarxik bir nizamda, çoxluq olaraq görülən bu Sistemlər, əslində, Təkliyin ifadəsidir. İyerarxiya, nizamı pozmaz. İyerarxiya qopuqluğun ifadəsi deyildir. İyerarxiya özbaşınalıq və nizamsızlıq deyildir.

Beləcə, Törəmə və Çoxalma bir qətilik təşkil etməz. Müxtəliflik, fərqlilik, çoxluq anlayışları, Təklik prinsipinə zidd deyildir.

Tanrı, Səsi ilə vücuda gətirdiyi cövhərlərə və o cövhərlərin kombinasiyalarından yaradılan Adəmə və Adəmin yaradıcı gücünün əsəri olan onun Tayına, eləcə də bu ikisindən törəyən və çoxalan varlıqlara Azad bir İradə vermişdir.

Varlıqlar, Tanrısal azad İradələri ilə Yaratmağa davam edirlər.

Öz və Cövhər olan Təklik, nə qədər çoxalsa da, nə qədər törəsə də Tanrısal Özəlliyini itirməz. Bilim bunu Holoqram Texnikası ilə isbat etmişdir. Holoqramda "Parçalar Bütünün bilgisini daşıyır".

Həllac Mənsurun **Doğruluq Dairəsindən çıxma** mövzusunu, Qudsal kitablar, Adəm və Onun tayının Cənnətdən qovulması olaraq simvollaşdırmışdır.

Varlığın bütün ciddi-cəhdi qovulduğu Doğruluq Dairəsinə təkrar geri qayıda bilməkdir. Bu içsəl-daxili bir yolçuluqdur. Varlığın "özündən çıxıb təkrar özünə tərəf etdiyi bir yolçuluqdur."

Qovulma məsələsi, "İstənməmə və rədd edilmə" olaraq dəyərləndirilməməlidir. Bu prinsip məsələsidir. Burada varlığın cəhdi çox önəmlidir. Mükəmməl bilgilərə sahib olan varlıq, özündəki bilgiləri tətbiq etməli və öyrənməlidir. Öyrənə bilməsi üçün də Doğruluq Dairəsindən kənara atılmalıydı. Yəni, qovulmalıydı. Qudsal kitablar bunu "Yasaq Meyvə"nin yeyilməsi deyə simvollaşdırır. Qısaca, Doğruluq Dairəsindən kənara çıxması üçün bir "səbəb" lazım idi. Və bu "səbəb" özü bir məqsəd daşıyır. Bilginin Tətbiq edilməsi məqsədini.

Doğruluq Dairəsinin çölündə olan varlıq, hər cəhdi ilə təkrar aid olduğu Tanrısal ölçüyə geri dönməlidir. Doğruluq Dairəsinin mərkəzində olan Gerçəklik Bilgisinə çatmalıdır. Və bütün bu hərəkət, varlığın "cəhdinə" bağlıdır. Və bu cəhd də Varlığın Təkamülüdür. Qısaca, inkişafı və kamilləşməsi-yetişməsidir. Eləcə də, Təkamül Sıçramaları edərək Doğruluq Dairəsində irəliləyə bilər.

Doğruluq dairəsinin mərkəzində olan **Gerçəklik Bilgisi** ancaq Tanrı tərəfindən bilinən bir həqiqətdir.

Doğruluq Dairəsinin Mərkəzindəki gerçəklik bilgisi, **Gerçək Qaynağın bilgisi** ilə əlaqəlidir, lakin əsla Tanrının tam bilgisi deyildir. Amma Tanrının **Gerçək Qaynağından** bir damla ola bilər.

Gerçəklik Bilgisi, dərin bir sezmədir. Bu sezgini ala bilən insan Ənə-l Həqq deyə bilər. Çünki Gerçəklik Bilgisi, Doğrunun bilgisidir. Doğru Haqqdır. Və bu, dərin sezişi hiss edən insan Haqq mənəm deyə bilən insandır.

İnsan, Ənə-l Həqq desə belə Gerçək Qaynağın bilgisini bilmir. Lakin o, Gerçək Qaynağın bilgisindən bir damla içərək Ənə-l həqq deyə bilmişdir.

Ənə-l Həqq, Doğruluq Dairəsindəki mərkəzin gerçəklik bilgisinin özüdür. Dərin seziş və hiss edişin, maddə dünyasında səsə çevrilməsi və ortaya çıxmasıdır.

Buna görə də Ənə-l həqq kəliməsi, eləcə boş yerə deyiləcək, söz olsun deyə söylənəcək bir cümlə ola bilməz. Doğruluq Dairəsinə ancaq içsəl yolçuluqla çatan insan bunu səsə çevirə bilər.

Doğruluq Dairəsinin Mərkəzindəki dərin bilgini hiss edən və Ənə-l həqq deyərək bunu səsə çevirən insan, Gerçək Qaynağın bilgisini tam qavraya bilməz. Onun qarşısında hələ çox uzun və çətin bir yolçuluq vardır. Həllac Mənsur, bunun mümkün olmayacağını vurğulayır. Yaradılmışlar, Tanrının Gerçək Qaynaq bilgisinə çata bilməzlər.

Ənə-l Həqq kəliməsi, Tanrının Gerçək Qaynaq bilgisinin bir damlası olan Gerçəklik Bilgisinin dərin hiss edilməsidir. Həm də hələ daha sonsuz sayda Gerçəklik Bilgisinin dərin hiss edilişlərinə ehtiyac vardır. Bu da Varlıqlar üçün Sonsuz sayda yolçuluq deməkdir.

Doğruluq Dairəsində yol gedən varlıqlar üçün geri dönüşdən söhbət belə gedə bilməz. Həllac Mənsur bir müddətliyinə dairədən çıxıla biləcəyindən bəhs edir. Bu da dairəyə kənardan baxmaq mənasına gəlir. Lakin Dairədən çıxaraq Adəm Kainatına kənardan baxa bilməsi üçün bəzi şərtlər lazımdır. Həllac Mənsur **"Doğruluq Geyimini geyinə bilən, eyni zamanda da Doğruluq Dairəsinə kənardan baxa bilər"** deyə ifadə edir. Qudsal Kitablarda Merac deyə bəhs edilən mövzu elə budur.

Doğruluq geyimi, Doğruluq Dairəsinin mərkəzindəki gerçəklik bilgisidir. Mərkəzə çatan və bilgini ala bilən varlıq, o bilgiyə bürünür. Bilgini alan varlıq, Doğruluq Dairəsindən çıxa bilər və Adəmi, Kainatı kənardan seyr edə bilər.

Varlıq doğruluq dairəsindən ancaq doğruluq geyimi ilə çıxa bilər. Çıxdıqda da dərin bir ah çəkəcəkdir. Çünki gerçək rahatlığın, əsl dincliyin, birliyin və Tanrısal ölçünün varlığını hiss edəcəkdir. Ancaq o zaman doğruluq dairəsinə, yəni Adəm Kainatına kənardan baxa biləcəkdir. Bütün yaradılanlar üçün dərin bir üzüntü yaşayacaqdır.

Həllac Mənsur son Peyğəmbər hz. Mühəmməd üçün **"Bir tək o çıxa bildi dairədən. O da yaradılanlar üçün dərin bir ahh çəkdi"**, demişdir.

Doğruluq geyiminin məqsədi qorunmaqdır. Çünki varlıq, bilgini almadan doğruluq dairəsindən çıxammaz. Bu bir kosmonavtın skafandrla kosmosda fəza boşluğunda dura bilməsi ilə eynidir. Kosmik fəzada, paltarsız olaraq durduğunda parçalanar və ölər. Onu ancaq kosmonavt paltarı qoruyacaqdır. Bu örnək, Merac olayına bəsit bir münasibətdir. Çünki onun əsl məzmununu əsla daşıya bilməz.

Həllac Mənsur, bu kəlimələri yaxşı başa düşə bilmək üçün belə bir deyimi söyləmişdir. "Dörd quş al və özünə çevir. Çünki Tanrı uçmaz".

Dörd quş anlayışı, Həllac Mənsurun üzərində ən çox durduğu anlayışdır. Bu mövzunu digər bölümlərdə, əsas başlıq altında daha geniş olaraq anlatdım.

Dörd quş mövzusu Quran-i Kərimdə keçən bir ayədir.

"Dörd quş al və özünə çevir" **(Quran-i Kərim, Bəqərə surəsi 260-ci ayə).**

Tanrı uçmaz.
Mərkəz dairənin içindəki gerçəklik bilgisi də uçmaz.
Tanrı uçmaz, ancaq uçanların bilgisini mənimsəyər.

Mərkəz dairənin içindəki Gerçəklik Bilgisi də uçmaz, ancaq uçanların bilgisini mənimsəyər.

Quşu uçuran, insanı yeridən, dənizi dalğalandıran, küləyi əsdirən güc ilahi gücdür. Lakin İlahinin özü deyildir.

Doğruluq dairəsinin mərkəzindəki Gerçəklik Bilgisi, bir gücdür. Sadəcə, o gücün bilgisini alan dairədən kənara çıxa bilər.

Buna görə də Allah, İbrahim Peyğəmbərə "Dörd quş al və özünə çevir" deyə səslənir.

Mərkəzdəki gücün bilgisini alan İbrahim, dörd quşu özünə çevirir.

Dörd quş, bütün qavrayışların Özündəki bilgiyə çatmaqdır.

Özünə çevir, doğruluq geyimini geyin, deməkdir.

Doğruluq dairəsində sonsuz sayıda həyat olan planet vardır. Dünya bunlardan, sadəcə, biridir.

Kəbə Qövseyni

Həllac Mənsur fəlsəfəsi anlayışları arasında Merac çox önəmli bir yer tutur.

Həllac Mənsur Meracı şifrəli və başa düşülməyən şəkildə dilə gətirir. Anlatmağa çalışdığında da belə izah edir.

"Adəm ilə Rəb arasında iki yay boyu uzaqlıq vardır". Quranda bəhs edilərək verilən tərif Kəbə Qövseyni-dir.

Qövseyni **iki yay arası** mənasındadır.

Kəbə **məsafə** mənasındadır.

Qövseyni, qövs, ya da yay deməkdir. İki gözün görüş məsafəsinə girən, çəmbərin bir qismidir. Görüş məsafəsinə girən bu qisim sahə mənasındadır. Dairənin, görüş məsafəsinə girən qövs sahəsidir. Qövs, bir əyridən alınan parçadır. İki nöqtə arasındakı məsafədir.

Həllac Mənsur bu tərifləri bir tək kəlimə ilə ifadə edir: EYN

Eyn ərəbcə bir kəlimədir. Mənası göz, qaynaq, ya da çeşmədir. Eyni zamanda EYN, əsli, ya da özü kimi tayı-bərabəri mənasında istifadə edilir.

Həllac Mənsurun niyə EYN olaraq istifadə etdiyinə gəlincə: Eyn(ع), şəkil baxımında iki yaydan ibarətdir. Alt-alta gələn iki yay şəklindədir. Həllac Mənsur "iki yay boyu uzaqlıq vardı" mənasını EYN ilə ifadə edir.

EYN kəliməsi ilə "məsafə"ni ifadə edir.

O məsafədən Tanrının görülə bilməsi üçün də BEYN kəliməsini işlədir.

Çünki Meraca çıxan və Tanrını görən insanın gözlərə ehtiyacı vardır. Lakin Merac hadisəsi bədənlə deyil, içsəl bir hissediş ilə ola bilər. Artıq orada dünyəvi göz yoxdur. İçsəl bir EYN baxışı vardır. Bu da iki yay uzaqlığında bir məsafə edir.

Həllac Mənsur Tanrını görə bilmək üçün "harada" sualının verilməsini vurğulayır. Heç bir yerdə olmayan Tanrı "harada" ola bilər? Bax, bunun üçün BEYN kəliməsini işlədir.

Həllac Mənsurun məşhur sözü olan **«Harada» hədəfini,** **«arasında» oxuyla vurdu** (EYN və BEYN), açıqlaması budur.

Eyn və Beyn, iki yay məsafəsindən bir az daha yaxın olma vəziyyətidir: **Özün Özü-cövhərin cövhəri.**

"Harada" mövzusu çox geniş bir məvhumdur. Cavab: Heç bir yerdə-dir.

Tanrı heç bir yerdə deyilsə, O harada axtarılmalıdır?

Ona, Həllac Mənsur, "Ancaq Həqiqət bilgisinə çatan və Doğruluq Dairəsindən kənara çıxa bilən insanın çata biləcəyini" vurğulayır.

"Harada" anlayışını, **"arasında" oxu ilə vurmaq. EYN və BEYN. Həllac Mənsur, təkcə "arasında" oxu ilə vura bilən Cövhərin cövhəri olana yaxınlaşa bilmişdir** deyə ifadə edir.

Daha əvvəl orbitlərdən bəhs etmişdik. Hər varlığın bir orbitinin olduğunu demişdik.

Kəbə qövsünün xüsusi ilə vurğulanması bundan ibarətdir. Hər varlıq bir-biri ilə müəyyən məsafə uzaqlıqdakı bir orbit ilə hərəkət etməkdədirlər.

Eynilə atom və atomdan daha kiçik hissəciklərin orbitləri kimi.

Eyni ilə planetlərin, ulduzların və qalaktikaların orbitləri kimi.

Mikro dünyadan Makro dünyalara qədər heç bir varlıq bir-birinə təmas etməz. Hər birinin arasında məsafə vardır.

Məsafənin əhəmiyyəti

"Tanrı, göylərin və yerin nurudur" **(Quran-i Kərim, Nur surəsi, 35-ci ayə).**

Həllac Mənsur, hər görünənin Tanrıdan əks etdiyini, Nurun Nuru olduğunu ifadə edir.

Varlıqlar, hansı yolu seçərsə seçsinlər, Tanrının sirrinə və "məqsədinə", eyni zamanda da olduğu yerə əsla və əsla çatmazlar.

Varlıq, hər yaxınlaşmaq istədiyində, Tanrı ilə arasında iki yay məsafəsi olacaqdır. Bu ən yaxın məsafədir. Cövhərin cövhərinə olan ən yaxın məsafə. Həllac Mənsur, bu məsafəyə yaxınlaşanın təkcə hz. Mühəmməd olduğunu söyləyir.

Bundan daha çox yaxınlaşmaq imkansızdır.

Beləcə, Rəbbin tanınması mərhələsi, həyatlar boyu davam edəcək olan çətin, yorucu mistik bir yolçuluqdur.

Tanıma müddətində "gördüm, toxundum" məsələsi əsla həyata keçməyəcəkdir.

Buna görə də Tanrını axtarmaq və Tanrıya çatmaq anlayışı, sonsuz bir yolçuluqdur.

Məsafələr olmasaydı, nə Tanrı, nə də Varlıqlar olardı.

Ortada nə kainat, nə atom, nə də insan qalardı. Hər bir zərrə digəri ilə çarpışar və parçalanardı.

Məsafə, həyatın mahiyyətini qoruyan bir anlayışdır.

Lövh-i Məhfuz

Lövh-i Məhfuz, Quranda bəhs edilən bir anlayışdır. Müxtəlif cür adlanmışdır. Qorunmuş Lövhə, Qeydlər Lövhəsi, Formalar Lövhəsi, Adəm Kainatı və ya Doğruluq Dairəsi olaraq adlandırılır.

İnsan elə bir nöqtədir ki, bütün kainatı öz içində saxlayar, eyni zamanda da özü o kainatın içərisində yerləşər.Bu vəziyyətin dərk olunub qavranılması çox çətin bir haldır. Çünki bu, maddənin içində olduğu halda, eyni anda həm də maddənin varlıq içində olmasının həqiqətidir. Həllac Mənsur, mövzunu anlamaq üçün, formalar lövhəsinin kənarına çıxmaq zəruriliyini deyir. Bu da Doğruluq Dairəsindən Merac etməkdir.

Həllac Mənsur, bunu Lövhənin kənarına çıxa bilən və görünməyən dünyanın sərhəddinə yaxınlaşıb iki yay boyu məsafəsəyə çata bilənlərin anlayacağını qeyd edir.

Həllac Mənsura görə, bunu peyğəmbərliyin sınanmış yolu ilə gedənlərin təcrübə etməsi mümkündür.

Bu, gerçəkləşdiyi zaman nələrin ola biləcəyini də bizə söyləmişdir:

Bax, orada işlədilən hərflər artıq ərəb hərfləri deyildir. Danışıq deyildir, ruhdan ruha bir axış, nurdan nura bir axışdır. Orada bir danışma, bir görüşmə, bir qarşılaşma mümkün deyildir. Bu, biz hiss etmədən baş verən və əsla idrak edə bilməycəyimiz, bədənli ikən qavraya bilməyəcəyimiz bir haldır.

Lövh məhfuz, maddə kainatının, kodlamalarını təyin edən, əsas şüurun, əsas yazıların olduğu bir yaranışdır. Və biz, bədənli olanlar, bunu lövh-i məhfuzdan kənara çıxıb da bədənli ikən bədənsiz hala, əsla, tətbiq edə bilmərik. Bu ancaq və ancaq seçilmişlərin edə biləcəyi, çata biləcəyi bir fəzilətdir.

Bunu qavraya bilməyimiz üçün də bu ləyaqəti əldə etmiş olmalıyıq. Bu da mümkün olmadğı üçün, Həllac Mənsur bunun qavranıla bilməyəcəyini vurğulayır.

Yazılar Lövhəsindən kənara çıxıldığında, ruh gözü ilə görmə halı, eşitmə halı baş verdiyi zaman, artıq orada danışma və söz qalmamışdır. Burada bütöv bir idrak və qavrama yer alır. Mənsur, oranı ifadə edən ən yaxşı kəlimənin "MİM" olduğunu söyləyir.

Mim(م), ərəb əlifbasında bir hərfdir. "Son" mənasını verir. Mim, səcdədir. Bütün mahiyyət və cövhəri ilə Rəbbi tanıyan və ona itaət edən mənasındadır. Mim ərəb dilində rəqəmlə 40-1 ifadə edir. Tamamlanmağı simvollaşdırır. Tamamlanan varlıq artıq meracını edə bilər.

Bax, bu cövhər halına gələ bilmək elə də asan deyildir. Etdim deməklə edilməz. Çatdım deməklə çatılmaz. Ən birinci burada səbr gərəkdir. Səy gərəkdir. Ciddilik və ərdəm tələb edir. Həllac Mənsur bu halı **"Peyğəmbərliyin sınanmış yolu"** olaraq adlandırır.

Bütün həyatları boyunca, bədənin həqiqətini və məqsədini anlaya bilmək və fəzilətli idraka çata bilmək bədən içərisində dirilməklə mümkün ola bilər.

Mim olmaq, Varlığın özünü göstərməsi-açığa çıxmasıdır. Bir İşıq olmasıdır. Təsəvvüfdə bu hala "qəndil" deyilir.

Həllac Mənsur, hz. Mühəmmədə qarşı hiss etdiyi eşqi **"Tanrının Nurundan bir qəndildir. Dünyaya İşıq oldu və Qaynağına geri döndü"** sözü ilə ifadə edir.

Formalar lövhəsinin o üzündə, hələ Adəm Kainatında doğulmadan qabaq: Danışmaq danışma deyildi, görmək görmə deyildi, eşitmək eşitmə deyildi.

Sözlər təsirsiz qalır, çünki orada, sadəcə, nurdan nura axış, ruhdan ruha axış və ruhsal ünsiyyətdən söhbət gedir.

Çünki ortada bir danışma və söz yoxdur. Danışacaq dil, eşidəcək qulaq və görəcək göz yoxdur. Sadəcə, titrəşim və rezonans vardır.

Bu olduqda, elmdə Kvant qanununun kəşf etdiyi, bütün kainat atomları, eyni anda bir-biri ilə əlaqə halındadır ifadəsi ilə buna bənzər bir mənanı əks etdirir. Kainatın eyni anda xəbərləşməsi mövzusunu, bir danışma və sözlə deyil, enerjinin enerjiyə keçirilməsi şəklində düşünməliyik.

Qalu Bəla

Sözsüz əlaqəyə Quran yaxşı bir örnək verir. Bu, hələ bədənlənməmiş ruhların, Lövh-i Məhfuz sərhəddində Rəbləri ilə olan danışığıdır. Bu, sözsüz ünsiyyət, Formalar Lövhəsinin o üzündə həyata keçir.

Bu qarşılaşma və danışma, bizim idrak edə biləcəyimizdən çox daha uzaqdır.

Orada, sual- cavab yoxdur. Çünki bədənlənmə halı yoxdur.

Ruhların toplanma yerində, Rəbbləri Ruhlara sual vermişdi:

Ərəbcəsi belədir: Ələstu bi Rabbikum,

*"Mən sizin Rəbbiniz deyiləmmi?" **(Quran-i Kərim, Əraf surəsi,172-ci ayə).***

Soruşan Yaradıcı qüvvədir, Rəbdir. Ruhları mərhələ-mərhələ tərbiyə edən, nizamlayıcı, təkamül etdirici və görüb müşahidə edicidir. Və Rəb ruhlara səslənir, bu səslənmə ancaq və ancaq nurdan nura bir ötürmə, bir ilham, sezgi və maddədən kənar bir anlayış və məna daşıyır.

Mən sizin Rəbbiniz deyiləmmi?

Təsəvvüfdə bu anlayış **Bəzm-i Ələst** olaraq bilinir. **Bəzm** sözü ərəb dilindədir, "Çay kənarında və gül baxçaları içində çəmbər şəklində toplanma" mənasının ifadəsidir. Ələst kəliməsi ərəbcədir və "Mən deyiləmmi?" sualıdır.

Ruhların bu suala verdikləri cavab olduqca maraqlıdır:

*"Qalu Bəla" **(Quran-i Kərim, Əraf surəsi,172-ci ayə)***

Qalu kəliməsi ərəbcədir və "dedilər" mənasını daşıyır.
Bəla kəliməsi ərəbcədir və "bəli" mənasını daşıyır.

Təsəvvüfdə "Qalu Bəla" anlayışı çox önəmlidir. Bu insanlar arasında da yayılmış bir deyimdir. "Qalu Bəla"dan bəri tanışıq."

"Qalu Bəla"dan bəri birlikdəyik" deyimləri xalq arasında çox iş-lənən bir deyim olmuşdur artıq.

"Ələst" sualına verilən cavab "Bəla"dır. "Deyiləmmi?" sualına verilən cavab da "Bəli"mənasına gəlir.

Bədənlənmədən əvvəl, formalar lövhəsinin gerisində və Rəblərinə ən yaxın məsafədə, iki yay genişliyi məsafədə ruhların Rəbbləri ilə gəldikləri bir razılıqdır. İlahi bir razılıq və Tanrısal bir əhddir bu. Qətilik və dəqiqlik təşkil edir. Heç bir şübhəyə yer yoxdur. Sonsuzluqdan, Sonsuzluğa qədər, Rəbblərinə içdikləri bir Anddır.

Həllac Mənsur fəlsəfəsində "Rəb daima danışır. Ancaq onu bəzi insanlar eşidir" anlayışı vardır. O bəzi insanlardan biri də onun özüdür.

Qısaca, "Varlıqlar, sadəcə, ruhsal mühitdə Rəblərini eşidə-cəklər" deyə bir anlayış ola bilməz. Həllac Mənsur, "İnsanın da bir ruha sahib olduğunu və bədəndə ikən də Rəbbin səsini eşidə biləcəyini" açıqlayar. Və Həllac Mənsur Rəbbindən gələn səsi daima eşidən insandır. Bu mövzuya "İlham" başlığı altında geniş yer verilmişdir.

• **Bəla anlayışı**

Bəla anlayışı təsəvvüfdə böyük əhəmiyyət daşıyır. Quran-i Kərim "Bəla"anlayışına geniş yer vermişdir. "Qalu Bəla"da "Bəli" mənasını verən Bəla anlayışı, başqa bir ayədə fərqli bir məna daşıyır.

"Rəbdən gələn bəla"lar vardır. **(Quran-i Kərim, Bəqərə surəsi, 49-cu ayə).**

Rəbdən gələn bəla mənasındadır, Rəbdən gələn nemətdir.

Çünki "Qalu Bəla"da edilən İlahi razılaşma, "Bəli, Rəbbimizsən" idi. Ruhların bir təsdiqi idi. Hər şəraitdə tərəddüdsüz bir itaət idi.

Rəbdən gələn bəla isə, Rəbdən gələn "nemət, qismət, rəhmət, imtahan və tərbiyə"dir.

"Qalu Bəla"da ruhların "Bəli Rəbbimiz"sən sözündə bir bərabərlik, tarazlıq vardır. Tərəddüdsüz təsdiqdə, Ruhlar eyni qərarı vermişlər. Çünki hələ Formalar Lövhəsindən kənardadırlar. Ruhlar Aləmi Bənzərsizdir və Görkəmlidir. Orada "Təsdiq" bir "qətilik və dəqiqlik" daşıyır.

Lakin yer üzündə doğulduqlarında işlər dəyişir.

Çünki ruhlar, Adəm Kainatına keçmişdirlər. Formalar Lövhəsinin Qanunlarına uyğun yaşayacaqlar. Burada bərabərlik, qətilik və dəqiqlik olmayacaqdır.

Çünki Formalar Lövhəsi olan Kainat müxtəliflik, çoxluq və fərqlilik daşıyır.

Bəziləri hələ iztirabdadır, bəziləri xoşbəxtdir. Bəziləri çox varlı, bəziləri yoxsulluq içində olacaqdır. Bütün bu anlayışların yerinə oturması üçün tənzimləmə-tərbiyə lazımdır. Müxtəlif imtahanlarla tənzimlənən varlıqlar, kamil bir hala çatana qədər davam edəcəkdir.

Bu yetişmə yolunda Tərbiyə Sistemi önəmli bir yer tutur. Tərbiyə Sistemi, "Rəbdən gələn Bəla"lar ilə mümkündür. Çünki Rəb Tərbiyə edici sifətini daşıyır. Rəb anlayışı, kamilləşdirən və xatırladan mənasını daşıyır.

Buna görə də Rəbbin hər cür "bəla"sı nemətdir, rəhmətdir.

Xalq arasında "Bəla" **pis hadisələrin** baiskarı olaraq başa düşülür. Və "qarğış" kimi qəbul edilir. "Bəla oxumaq" xalq arasında işlənən bir deyimdir. Bir adama "Bəla oxuyan" insan, o adamın dərd çəkməsinə niyyət etmiş, deməkdir. Buna görə də xalq arasında "nemət və rəhmət" kəlimələri daha çox yer tutur. "Bəla" sözünü işlətməkdən çəkinirlər.

Təsəvvüfdə "Bəla" anlayışı, "İnkişafı sürətləndirici, kamilləşməni dəstəkləyən" bir məna daşıyır. Çünki Bəla ilə imtahan edilən insan çox əzab çəkir. Təsəvvüfdə əzab "inkişaf etdirici və kamilləşdirici"dır. Qısacası, "Təkamüldə sıçrama" yaradır.

Yaxşılıq, xoşluq, bolluq, nemət, rəhmət və gözəllik içində ikən insanlar tam kamilləşməzlər. Olayların məqsədini anlaya bilmələri üçün "Rəblərindən gələn Bəla"ya ehtiyacları vardır. Çünki "Bəla" bədəni tərbiyə edər.

Həllac Mənsur bu məsələni çox gözəl bir şəkildə ifadə etmişdir: **"Rəbbim, insanlar, səni verdiyin nemətlərə görə sevirlər, mənsə səni verdiyin bəlalara görə sevirəm"**, deyir Həllac Mənsur.

İlham

Həllac Mənsurun söylədiyi kimi, formalar lövhəsinin gerisində, iki yay məsafə uzaqlığında ola bilmək üçün, bədənin bütün sərhədlərini aşmaq və Kəlimədən kənara çıxmaq gərəkdir. Orada artıq söz yoxdur, heç bir hərf yoxdur, sadəcə MİM vardır.

Quran-i Kərimə görə, Ruhlar dünyaya gəlmədən əvvəl Rəbblərini görə bilir və eşidə bilirlər.

Həllac Mənsur, bunun dünyada da mümkün ola biləcəyini vurğulayır. Ruh varlığı olan insan da bədənləndiyində Rəbbini görə bilir və eşidə bilir. Bu, ruhu olan hər varlıq üçün keçərlidir. Sadəcə, Peyğəmbərliyin sınanmış yolunda olanlar üçün deyil, bunun bütün varlıqlar üçün keçərli ola biləcəyini vurğulayır.

Qısacası, hər insan Rəbbini eşidə bilər. Bunun "İlham" la ola biləcəyini söyləyir Həllac Mənsur.

Bəzi zamanlarımızda, içimizə dolan bir çox sezgiləri və il-hamları, güclü ruhani təsirləri qısa vaxtlar ərzində hiss edirik.

Bax, o qısaca zaman içində, inanılmaz bir enerji və güc alı-rıq. Dünyanı qucaqlamış kimi olur, kainatla bir nəfəs alırıq, daha sonra yenə öz halımıza qayıdırıq.

Ancaq o yaşanılan qısa müddətli zamanda minlərlə illik bir coşqunluğu yaşayarıq. Bu hiss gerçəkləşər və yox olar. Biz, sadə-cə, o anın şoku və coşqusu ilə özümüzdən gedirik. Elə bu anlarda bəzi dərin duyumlarımız və sezgilərimiz olar. Bunlara "İlham" adı verilir. Həllac Mənsur fəlsəfəsində "İlham" çox önəmli bir yer tutur. Çünki İlham, Tanrı ilə İnsanın möhtərəm və fəzilətli əlaqəçisidir. İlham bir haqdır. Hər insanın, hər canlı, ya da cansız varlığın ilham almağa haqqı vardır.

Peyğəmbərlərin, vəlilərin və aydınlananların coşqunluq halı bir az daha uzun çəkir. Çox daha dərindir. O anlarda söylədikləri sözlər də olduqca dərin və mənalıdır. Bu hala təsəvvüfdə **sekr halı, vəcd halı** deyilir. Bu hal özündən getmədir. Tanrı ilə qarşı-laşma və Tanrını eşitmə halıdır. Ruhani bir haldır. Bu ruhani hal-dan çıxan insan, söylədiklərini çox vaxt xatırlamaya bilər. Ruhani halda nələr olduğunu da çox vaxt xatırlamazlar. Xatırlasalar belə, əsla kimsələrə söyləyə bilməzlər. Təsəvvüfdə "dərin sərxoşluq" adı verilən bu durum, hər kəsin asanlıqla çata biləcəyi bir hal de-yildir. Dərin sərxoşluq anında hiss edilənləri, xatırlananları əsla xalq arasında dilə gətirməzlər. Əgər söyləyəcəklərsə də, sehirli bir hala gətirib rəmzləşdirərək ifadə edərlər. Sözə çevirər və yazıya salarlar. Tanrının sözləri açıq-aydındır və sadədir. O sözləri eşi-dib, sirli və gizli hala gətirənlər isə vəlilər, peyğəmbərlər və ay-dınlananlardır. Təsəvvüfdə "Tanrı sözləri xalqdan olan insanla-ra söylənməz. Ancaq simvollaşdırılaraq və sirli hala gətirilərək" söylənər, deyilir. Bunu edənlər təsəvvüfdə "Ariflər" başlığı altında toplanmışdır.

Ancaq Həllac Mənsurun Ənə-l Haqq sözü bu, bəhs etdiyimiz hallardan bir az kənardadır. O birbaşa Haqq olduğunu vurğulamışdır. "Mən Haqqam" demişdir.

Bunu vəcd halında özündən getdiyi zaman ifadə etdiyi kimi, normal halda ikən də ifadə etmişdir.

Tanrıdan eşitdiyini rəmzləşdirmədən açıq şəkildə xalqdan olan insanlara söyləyənlər ölümlə cəzalandırılır. Çünki xalq bu sözlərin dərin mənalarını başa düşməzlər. Onsuz da Həllac Mənsur da "Ənə'l Haqq" dediyi üçün öldürülmüşdür.

İnsanın bədəndə ikən Tanrıya çatması, Tanrı ilə arasında gizli qalmalıdır. Bu bir sirdir. Razılaşmadır. Əgər bu halı sadə adamlara açıb danışarsa nəticə qorxunc olacaqdır. İnsan bu razılaşmanı pozarsa, sirri açarsa, nümayiş etdirərsə, Tanrı onu yanına aparacaqdır. Yəni, bu adamın dünyada ölümü baş verəcəkdir.

Həllac Mənsur, bu sirri gizləyəmməmişdir. Bu sirri dilə gətirmiş, açmış və hər durumda Haqq olduğunu ifadə etmişdir. Elə buna görə də bir an əvvəl Tanrıya qovuşdurulmalı idi.

Sirrə vaqif olan, sirri qəlbində saxlamalı, ancaq onu başa düşəcək və ürəyini aça biləcəyi üstün məziyyətli insanlara deməlidir.

Xalqa söyləmək yanlış bir yoldur. Varlıqların anlaya biləcəyi, qavraya biləcəyi bir hal deyildir. Çünki dünyanın, maddə aləminin bir tarazlığı qanunları vardır. Yeri oldu-olmadı sirlərin ortaya açılıb saçılması, ifşa edilməsi çox rastlaşılan bir hal deyildir. Çünki insanoğlu ruhları, əzəldə, Rəblərini tanıyıb bilmiş və o andlaşma ilə yer üzünə enmişlər və bunu bildikləri halda unutmuşdular. Unutmaq, dünya insanının ümumi bir xüsusiyyətidir. Ancaq unudaraq, bir çox imtahandan keçə biləcəkdir, tərbiyə ola biləcəkdir, dünyada yaşaya biləcəkdir.

Kimlərdir bu sirli sözləri söyləyən ariflər:

Dünyada doğulmuş və kütlələri adından sürükləmiş, verdiyi bilgilərlə insanlığa işıq tutmuş, insanların yollarını işıqlandırmış ariflərin sirli sözləridir.

Ariflər, sirli sözləri ilə bəzi vaxtlar təqdir və etibar görmüş, dünyada tanınmış, bəzi vaxtlar da başa düşülmədiyi üçün zülümə uğramış, hətta öldürülmüşlər.

Ariflərin sirli sözləri bəzi vaxtlar tək bir kəlimə, bəzi vaxtlar tək bir cümlə olur. Lakin o tək bir kəlimə, ya da tək bir cümlə ilahi ölçüləri anladmağa yetmişdir. Bu nəhəng ilhamlar, dünya insanlığını aydınlatmışdır və indi də yol göstərməyə davam edir.

Sirli sözlər, ruhsal axışlar, ayələr, qudsal mətnlər insan üçün, çox doğru və önəmli şifrələri, həyat və yaşam ilə bağlı formulları rəmzlərlə, qapalı olaraq bizim fikir söyləməyimiz üçün bildirilmişdir.

Tək bir cümlə, səhifələr dolusu fikir deyə biləcək özəlliklər daşıyır. Amma anlayıb bilənə və fikir deyənə.

Bu qədər formul varkən, hələ arayış, heyrət içərisində olmaq, çarəsiz çırpınışlar içərisində olmaq böyük bir ironiyadır. Lakin yaşam açarları, yaşam formulları bizə yetərincə verilmişdir.

Ariflər tərəfindən hər şey söylənmiş, çatdırılmışdır insanlığa. Axışlarla, ayələrlə, qudsal kitab və qudsal yazılarla. Bu qudsal sözlər, hər zamanın və məkanın şərtlərinə və anlayışına uyğun olaraq gəlmişdir.

Son zamanlarda, elm yeni kəşflər etdikcə əldə edilən gerçəklər, ariflərin sirli sözləri ilə eynilik təşkil etməkdədir. Bənzərlikdən o yana, elmi araşdırmalarda gəlinən nəticə, ariflərin sirli sözlərinə bir dəlil sübutdur.

Arifləri tanıtmağa bir neçə cümlə bəs eləməz. Buna görə də mən türk dilindəki "**Arif üçün din yoxdur**", ingilis dilindəki

"The Enlightened are Not Bound by Religion" adlı kitabımda ariflər mövzusuna daha geniş yer vermişəm.

Bir arifin sirli sözlərini eşitmək istəsək Həllac Mənsuru dinləyə bilərik: "Mən Həqiqətəm, Həqiqət olan gerçəyəm, Tanrının bilgisinin, Tanrının varlığının, Tanrının nurunun bədəndə görüntüsüyəm. İnsan heç bir zaman Tanrı olammaz, fəqət Tanrı insan olaraq görünə bilər. Çox zaman da bunu etdi və indi də mənim bədənimdə bunu gerçəkləşdirdi. Özünü məndə ifadə etdi. Mən olaraq təcrübə etdi və mən olaraq özünü açığa vurdu."

ƏNƏ-L HƏQQ QƏDİM BİLGİ

Həllac Mənsur fəlsəfəsi

Əsas anlayışlar 2

Əsas anlayışlar, 2-ci bölümdə, Həllac Mənsurun fəlsəfəsində önəmli olan anlayışlara yer verildi. Bu anlayışların hər biri, ayrı-ayrı başlıq altında toplandı. Bu anlayışlar, təsəvvüfün təməlində əsas yer tutur.

Mən də bu bölümdə bunu dərin bir hissiyyatla ifadə etməyə və başa düşülməsinə diqqət etdim.

Qavramaq

Tanrı Tanrıdır. Adəm Adəmdir. İnsan İnsandır.

Yaradılmışlar Tanrını ancaq **qavramaq**la anlamağa çalışırlar. Qavramaq Tanrının nə biliyinə, nə də ucalığına çatmaq üçün bir yol deyil, ancaq **üsuldur**. Anlamaq və qavramaq,"düşüncə" ilə olmaqdadır. İnsan düşünən bir varlıqdır. Ruhu ilə bədəni arasındakı əlaqəni qura bilməsi və istedadını inkişaf etdirə bilməsi üçün "düşüncəyə" ehtiyacı vardır.

Gerçək düşüncə ruhun səsidir. Ancaq arada pərdələr olduqca, düşüncənin də məhdudlanması olacaqdır. Gerçək düşüncə arınmadıqca, azad olmadıqca Tanrının dərkinə nail olmaq mümkün deyildir. Yaradılmış heç bir varlıq, düşüncə və dərk etməklə Tanrının var olmasına və gerçəkliyinə çata bilməz. Qatlar və pərdələr Tanrı ilə varlıq arasında aşıla bilməyən əngəllərdir. Əngəllər isə bizim qavramağımız, idrakımız və düşüncəmizdə **əngəlləmə** olaraq deyil, bir **ehtiyac** olaraq hiss edilməkdədir.

Gerçəkliyin düşüncə dənizi sonsuz bir ümmandır və Onun enerjisi və ucalığı ilə dopdoludur. Varlıq hər addımda, addım-addım pərdələri cırar və özünü tanıyar. Özünü tanıması isə, mistik bir yolçuluqdur. Bu mistik, yəni ilahi yolçuluğunda, ruhuyla və maddə ilə olan əlaqəsi **düşüncə** olaraq meydana gəlir.

Düşüncə kainatında varlıq, baxdığı və gördüyü nisbətində tanıyır və inkişaf edir. Gördüyü öz dünyasıdır. Hər yaradılmış, baxdığı perspektiv istiqamətində, "parçanı" görməkdədir. Çölə baxdığında çölü, içə baxdığında isə içi görər. Bütünü görə bilməz. Bütünü görə bilmək, ancaq qavramaqla ola bilər.

Qavrama tamamən özündən açılma ilə gerçəkləşə bilər. Düşüncə formasında qavrama, ilahi bir yolçuluqdur.

Düşüncə və düşüncələr tamamən insanın özünə aiddir. İnsan doğulandan ölümünə qədər olan düşüncə kainatında ya keçmişlə, ya da gələcəklə yoğrulur. Düşüncələrinə belə hakim olmayan varlığın Tanrının gerçəkliyinə çata bilməsi mümkün görünür.

Varlıqların qavranılması böyük okeanda, balaca bir damla kimidir. Tanrının gerçəkliyinə varmaq, insanın özünü tanımasıyla mümkündür. Ancaq, gerçəkliyə hər vardığını zənn etdiyində, bu zənnlə sonsuzluqda bir arpa boyu irəliləmiş olduğunu fərq edər. Bitməz tükənməz bir səylə və çətinliklə irəliləmə davam edəcəkdir.

Çünki bədənin tərbiyə olması ancaq, mənzillərdə bəhs edilən anlayışlarla mümkün olacaqdır. Hər mənzil bir qavrama və açılma meydana gətirəcəkdir. Hər qavrama, onu gerçəkliyin başa düşülməsinə aparan bir cığırdan- yoldan ibarət olacaqdır. Yola girmək mümkündür. Ancaq bu hal, varlığın ləyaqətinə və ruhuna nəql etdikləriylə mümkündür.

Gerçəkliyə çatmaq çətindir, hətta imkansızdır. Düşüncəyə sahib olan yaradılmış varlığın gerçəkliyə çatması mənalarla və fikir ifadələri ilə olacaqdır. Hər fikir ifadəsi bir şişirtmədən ibarət olacağı üçün **Gerçəkliyə çatmaq** imkansızlaşacaqdır. Çünki görmək, dil ilə izah etməyə səbəb olur. Dil ilə izah da, şişirtmədən ibarət olacaqdır. Anlayışın şişirdilməsində də çaşqınlığa və qarma-qarışıqlığa düşüləcəkdir. Düşdüyü bu vəziyyət, Tanrıya çatmaq uğrundakı çırpınışının daha da artmasına səbəb olacaqdır.

Hər çatılan mərhələ, addım, yol, Tanrıya çatma cəhdləridir. Lakin heç bir zaman **Gerçəkliyə çatmaq** mümkün olmayacaqdır. Güclənən enerjinin çətinlikləri daha da artacaq və taqətsiz qalacaqdır.

Tapdığı gerçəkliyin sehri ilə sərxoş olacaq, özünü gerçəkliyin oduna atacaq, yanıb qovrulacaq, şəkilsizləşəcəkdir. Və düşüncənin ən iç görünüşü ilə şəkildən qurtulan varlıq, öz əsl gerçəkliyinə çatacaqdır. Əsl gerçəkliyi ilə çatmaq istədiyi Tanrısal gerçəklik eyni olmayacaqdır.

Çatdığı öz əsl gerçəkliyi ilə bədən içərisindəki gerçəkliyi də eyni olmayacaqdır. Bu üçlü gerçəklik arasında vurnuxaraq buna məna verə bilməyəcəkdir. Və yol davam edəcəkdir. Hər qavrama halına çatdığı **gerçəklik** düşüncə quruluşunu genişləndirəcəkdir.

Mərhələlər dərinləşəcək və ən sonda çatmağı düşünən varlığın önündə sonsuz yollar açılacaqdır.

Mən Həqiqətəm deməklə, Həqiqət olunmaz.

Mən Tanrıyam deməklə Tanrı olunmaz. Ancaq Tanrısal oluna bilər.

Tanrı olmaq başqadır, Tanrısal olmaq başqadır.

Bədənlər ruha, qavrama dənizində yol getməyi üçün təklif olunan variantladan, sadəcə, biridir. Bu, qavramanı tamamlaması üçün təqdim olunur. Ruh, bədənə möhkəm yapışır, onu buraxmır. Buraxmadığı üçün, maddənin yanıldıcı və aldadıcı sərxoşluğu ilə gözləri görməz, qulaqları eşitməz olar. Maddənin müvəqqəti olan öyrədici təsiri və anlamağa yardımçılığı unudulur. Unutma bilgisi, bədən içindəykən gerçəkləşir. Ruh daima diri və xatırlayandır.

Bədənlilər necə xatırlayan ola bilər? Xatırlaya bilmək üçün nələr mümkündür?

Bütün elmlərin, bütün inanç sistemlərinin qaynağı insanın sual verməsidir. Arayışda olmasıdır. Maraqlanmasıdır. Bunları yox edə bilməsi üçün ağlının düşüncə formasında, bəlkə də daha hələ danışa bilmədiyi zaman belə, necə ünsiyyət quracağı barədə düşüncə yaratmasıdır. Düşünən insan danışan insan halına gələcəkdir.

İnsanın var olmasıyla düşüncə **necə** var olursa, ilk sualların da necə qorunacağı, necə sığınacağı və necə qarnını doyuracağı olmalıydı. Necə sualını verməliydi. Və daha sonra da bu **necələri** həyata keçirməliydi. Necə etməliydi? Necə üşüməyinə əngəl olmalıydı? Necə qarnını doyurmalıydı? Necə sığınacaq tapmalıydı? Bu axtarışlarına cavabları yenə öz üsullarıyla, sınama-yanılma üsuluyla inkişaf etdirərək verməliydi.

Ruh, maddə dənizinə daldığında, tanımağa başlayar. Maddə dənizi içindəykən xatırlamalıdır. Özündə var olan bütün gerçəkliyi, maddə mühitinin sərxoş edən, şadlıq edən, narahatlıq edən təsirinə üstün gəlməli və xatırlamalıdır. Çünki üstünlük xüsusiyyəti vardır. Onsuz da titrəşimin ən yüksək formasında ən alt mərtəbəyə enən varlıq, maddənin təsirindən qurtulmağı öz qarşısına məqsəd qoyar və düşüncə, qavrama üsulları ilə istedadlarını inkişaf etdirərək kəşflər edər. Təsəvvüfdə bu kəşflərə "açan" adı verilir. "Açan"lar kəşf edildikcə, insanın qavraması da genişlənir.

Açan: Baxmadan görmək, eşitmədən eşitmək, toxunmadan hiss etməkdir. Mahiyyət və Tanrısal olduğunun şüuruna varmaq. Görünməyən ilə görünənin Tövhid olduğu tamlanmış bir idraka çatmaqdır.

Bu ancaq insan qavramasının nə qədər tamlığa yaxın olduğu ilə əlaqədardır. Tamlıq olan Tövhid anlayışı, düşüncəyə nə qədər yaxın olsa o qədər mümkündür. Açanlar yardımı ilə fikir anlayışları genişlənir və ruhun gerçəkliyinə çatır. Yaradılmışlar ancaq ruhun gerçəkliyinə çatırlar.

Bədənin gerçəkliyinə, Ruhun Gerçəkliyinə çatmaq mümkündür.

Gerçəkliyin gerçəkliyinə, yəni Tanrının gerçəkliyinə çatmaq mümkün olmaz.

Çünkü Tanrı, gerçəkliklə əlaqədar deyildir. Gerçəkliklə bağlı deyildir. Gerçəklik ancaq yaradılmışlara xasdır. Yaradılmışlar gerçəyi axtararaq Tanrıya çatacaqlarını düşünürlər. Bu, sadəcə, bir düşüncədən ibarətdir. Ancaq Tanrının gerçəkliklə əlaqəsi yoxdur. Tanrı gerçəklik deyildir.

Tanrı Mütləqdir, sonsuzdur, ucadır və heç bir şey ona tay-bərabər deyildir. Heç bir şey ilə bərabər olmayan Tanrı, gerçəkliklə də bərabər olammaz.

Buna görə də düşüncə və qavrama ilə Tanrının gerçəkliyinə çatmaq da mümkün deyildir. Çatılan və çatıldığı düşünülən hər hal, ilahi düşüncənin məhsulu, ruhun öz gerçəkliyinə çatma halıdır.

İnsan Ənə-l Həqq dediyində Tanrının gerçəkliyinə çatdığını ifadə etməz. Ancaq Ənə-l Haqq deyən varlıq, ruhunun gerçəkliyinə varmışdır. Bu Bədəninin və Ruhunun Gerçəkliyinə varmışdır, mənasına gəlir.

Hər insanın Ənə-si, yəni mən-i özünə xasdır. Hər insan Ənə-l Haqq anlayışına vardığında, öz bədəninin və ruhunun gerçəkliyinə çatır. Bir başqasının gerçəkliyinə deyil. Gerçəklik tamamilə insana xasdır. Və milyardlarla insanın həqiqəti də Tanrının həqiqətinə bərabər ola bilməz.

İnsan, Ənə-l Həqq anlayışına vardığında nə olar?

İnsan, bədəninin və ruhunun gerçəkliyinə vardığında nə olar?

Varılan son gerçəklik Adəm anlayışıdır. Yəni, kainatın yaradıcı ruhu.

Adəm anlayışı, yaradıcı ruhdur və kainata can verən Kamil İnsan formasıdır.

Qısaca, hər insan öz bədənini tanıdıqca, öz bədəninin gerçəkliyinə çatır. Öz bədəninin gerçəkliyinə çatan və yola davam edən hər insan, öz ruhunun gerçəkliyinə çatır. Və sonunda Ənə-l Haqq anlayışını dilə gətirir. Bu o insanın tək və bənzərsiz olan Adəm Ruhuna vardığının bir ifadəsidir. İnsan Adəm Ruhuna nə qədər çatsa da, o ancaq Adəm Ruhunda özünə aid olan ruhun gerçəkliyinə çatmış olur. Adəm Ruhu sonsuz bir anlayışlar-məvhumlar dənizidir. İnsan ancaq o dənizdəki bir damlaya çatmışdır. Bu o deməkdir ki, hər insan öz gerçəkliyinə varmışdır. İnsan Ənə-l Haqq dediyində, sonsuz anlayışlar dənizində bir damla olduğunu ifadə edər. Hər insanın Ənə-l Həqq anlayışı da bir-birinə bənzəməyəcəkdir. Hər insanın çatdığı gerçəkliklər də bir-birinə oxşamaz. Ortaya sonsuz sayda anlayışlar çıxar. Və bütün bu sonsuz anlayışlar toplaşsa da Tanrının Gerçəkliyinə bərabər ola bilməz.

Ənə-l Haqq demək: Mən yaradıcı həqiqətəm, mən Adəmin ruhunun səsiyəm deməkdir. Adəmin ruhu, yəni kainatın ruhu, kainatın səsi.

Ənə-l Haqq ifadəsi, "Sonsuz və bənzərsiz anlayışlar dənizində" bir **damlayam** deməkdir. Ənə-l Həqq deyə bilmək, kainat ruhunun dilə gəlməsi deməkdir. Yaradıcı gerçəyin səsə gəlməsidir. Yaradıcı səsin, bir bədənlidən səslənməsidir.

Bütün bu anlayışları anlaya bilməyən insanlar, anlayışlar dənizində boğulmanı təmsil edir. Anlayışlar dənizi insanı udar. Əgər o dənizdə üzməyi bilmirsənsə, boğulub gedərsən.

Anlayışlar dənizi, ancaq anlayışla sakitdir, durudur və gerçəyi əks edir. Anlayışlar dənizində boğulmayan insan düşüncəsi-anlayışı geniş insandır. Dar düşüncəli insanlar o dənizdə itib yox olmuşlar.

Forma-formasızlıq anlayışı

Yeganə **Doğru** və yeganə tək bir **həqiqət** vardır. Və **Doğru** formaları sevməz. Çünki kainatda hər şey Özdə-mahiyyətdə formasız və şəkilsizdir. Forması və şəkli yoxdur. Enerjidir və ilahidir. İlahi nurun əks etməsidir.

Ancaq **forma**, sadəcə şüurlarda olan bir şəkillənmədir. Şəkil, sadəcə, kodlardan meydana gəlir. Doğulacaq dünyaların qanunlarına görə formanın kodları vardır. Bizim görə bildiyimiz kainatın formaları, lövh-i məhfuz deyilən lövhədə yazılıdır.

Və hər ruh, doğulmadan öncə, o lövhə bilgisinin kodların-dan bəslənir və dünyada, ya da hər hansı bir planetdə doğular. Hansı planetdə doğulacaqsa, o planetə aid olan qanunları, o löv-hədən çəkib alar. Çəkib aldığı bilgiyə görə şəkil və forma qazanar. Mələklər deyə bəhs edilən məvhum o planetin, o dünya-nın Rəbbinin qanunlarıdır. İlahi qanunlardır. O planetin idarə edəni Rəb, bir sistemə bağlıdır. İlahi Rəb sistemi, ya da Rəblər sistemi, planeti, ya da planetləri idarə edir və istiqamətləndirir. Planetlərdəki bütün varlıqları görüb qoruyandır.

İnkişaf və təkamül üçün ən lazımlı iyerarxiya, ilahi iradə qa-nunlarının bir təmsilidir.

Görünməyən aləmin forması yoxdur, görünənin forması vardır. Görünən varsa, hansı dünyaya aiddirsə ona görə lövhi məhfuzdan kodlanmalar alınır. Bu andakı gördüyümüz, görə bildiyimiz hər şey formalıdır, şəkillidir. Üç ölçülü, iki ölçülü, tək ölçülüdür və ölçüləri olduğu müddətcə onu hiss edə bilirik, bun-dan başqa ölçümüzün titrəşimini aşan şeyləri, rəngləri, səsləri, axımları əsla görəmmez, eşidəmmez və toxunamarıq.

Tanrının sirri, sifətsiz və formasız olmağındadır. Fəqət bütün formalar və sifətlər Tanrısaldır. Tanrı, nə formaların, nə də sifət-lərin içindədir. Nə də çölündədir. Buna görə də biz-formalar və sifətlilər, formasız və sifətsiz olanı hiss edə bilmərik.

Qəlb, sadəcə bir ət parçasıdır. Tanrının sevgisi qəlbdə yer ala bilməz, beyində də yer ala bilməz. Ancaq könül içində, nəzəri olaraq yer ala bilər. Qəlb, forma və sifətlidir. Könül formasız və sifətsizdir. Buna görə də insan, ancaq Tanrını könüllə dərk edə bilər.

Tanrı, hər inancın, hər formanın, hər sifətin uzaq bir anlayış-dır. İnsan ancaq könül ilə Tanrı məvhumunu hiss edərək və əqli bir hisslə dərk edə bilər.

Könül anlayışı, insana verilən ən böyük mükafat-nemətlərdən biridir. Bir nemətdir. Formalar Lövhəsində doğulduğun andan etibarən, formalar dünyasında yaşayan insanın Tanrını dərk etməsi ancaq könül ilə mümkündür.

Könül Haqqın qərargahıdır. Könül Tanrının evidir.

Tanrı, varlıqları ilə ünsiyyətə keçdiyi zaman onların könüllərinə müraciət edər.

Tanrının sevgisini daşıya bilən yeganə üstün məkan könüldür.

Sevgi anlayışı uca bir fəzilətdir. Və Sevginin bir damlası dünyaya düşsə idi, dünyanı yerlə bir edə bilərdi. Sevgi anlayışnı daşıya bilən tək yer könüldür.

Tanrının sevgisi, dağlara verilsə dağlar yox olar, ağaclara verilsə ağaclar yanıb kül olar, dənizlərə verilsə dənizlər əriyib buxarlaşar və yox olar, dünyaya verilsə dünya yerlə bir olardı. Bu sayədə Tanrının sevgisi heç bir yerə verilə bilməz və heç bir forma, sifət, yazılı lövhə Onun sevgisini daşıya bilməz. O, ancaq insan gönlünə gizlənər. Təsəvvüfdə tez-tez rastlanılan dürrə anlayışı, yəni mirvari-inci anlayışı, Tanrının Sevgisini ifadə edir.

İnsanın könlündəki inci Tanrının Sevgisidir. Bu ancaq insan könlünün daşıya bildiyi bir fəzilətdir.

Tanrının sevgisi görülməz. Ancaq qavrama-dərk etmə ilə hiss edilər.

Tanrı Sevgisi formasız və sifətsizdir. Formalılar bu sevgini duyğuları ilə hiss edə bilməzlər. Ancaq qavramaqla hiss edə bilərlər.

Tanrı Sevgisi anlayışını, xoşu gəlmə, dünyəvi sevgi, dünyəvi eşq, maraq göstərmə, arzulama ilə bərabər tutmamalıyıq.

Tanrı Sevgisini könüllərində hiss edən vəlilərin və peyğəmbərlərin, dilə gətirdikləri sözlər, dünyada məşhurlaşmışdır. Bu sözlər kimi vəlilərin və peyğəmbərlərin başlarına ağlagəlməz işlər də gəlmişdir. Bəziləri bu sözləri söylədikləri üçün öldürülmüş, bəziləri də baş tacı edilmişlər.

Tanrı Sevgisini dərindən hiss edən Həllac Mənsur, **"Ənə-l Həqq"** dedi, Bəyazid Bistami **"Sübhanam"** dedi, Mövlanə **"Mən Tanrıyam, Tanrı da mənəm"** dedi, Yunus Əmrə **"Bir mən var bir də məndən içəru"** dedi, Cüneyd Bağdadi **"Bilən də Tanrıdır, bilinən də Tanrıdır"** dedi, Nəsimi **"Mən Haqqam"** dedi. Hz. İsa **"Ata"** dedi, hz. Əli **"Görmədiyim Tanrıya tapmaram"** dedi, hz. Mühəmməd **"Allahın Qulu və Elçisiyəm"** dedi, Muhyiddin İbn-i Ərəbi **"Eşqdir mənim imanım"** dedi.

Formalardan qopma

Həllac Mənsur, "Təvasin" kitabında, formalardan ayrılma, formalardan qopma, formasızlıq anlayışını, başa düşülməyən tərzdə və simvolik olaraq ötürür. İç içə keçmiş üç dairədən bəhs edir.

Ən kənar dairə, mənalar formalar dairəsidir. Quran-i Kərimdə bu anlayış "Zahir" olaraq göstərilir. Kənar mənadır. İndiki anda görünən kainatın təmsilidir bu. Əllə tutulan gözlə görülən, beş duyğu ilə hiss edilən bütün formal və hiss edilən şeylərin, cisimlərin təmsilidir. Canlı-cansız bütün maddələr və varlıqlardır. Təsəvvüfdə mistiklərin "yalan dünya" olaraq adlandırdıqları vəziyyətdir. Çünki ağlımızın, şüurumuzun ancaq izin verdiyi qədəri ilə, bizə kodlanan bilgilər qədəri ilə kifayətlənərək gözümüzlə gördüyümüz, digər duyğularımızla hiss etdiyimiz kainatdır. Qısacası, **kənar dairə maddi kainatdır.**

Hislərin, ilhamların, hissetmə və qavramanın düşüncə dünyası da ikinci dairədir. Həllac Mənsur ikinci dairəni iç- daxili məna olaraq ifadə edir. Bədənli halımızla çata bilmədiyimiz, ancaq hiss edərək, ilham alaraq çata bildiyimiz daxili məna dairəsidir. Quran-i Kərimdə bu məvhum "Batin" adı ilə göstərilir. Ağlımıza gəlməyən, təxmin edə bilmədiyimiz, amma əsla əmin olmadığımız görünməyən dünyadır. Qısacası, **ikinci dairə iç mənadır.**

Üçüncü dairə isə kainatın kodlanmış bilgisidir. Quran-i Kərimdə bu anlayış "Lövh-i Məhfuz" olaraq adlandırılır. Hər planetin özünə aid Rəb Planı vardır. Zamanı gələndə üçüncü dairədəki kodlanmış bilgilər, hər planetin tabe olduğu Rəb Sisteminə ötürülür. Oradan da peyğəmbərlər, sadiqlər və Seçilmişlər tərəfindən dünya insanlarına verilir. İnsanlar, öz ehtiyaclarına uyğun olan bilgilər və şüur ilə təmin olunur. Qısacası, üçüncü dairə kodlardır.

İç-içə keçmiş üç dairəyə yuxarıdan üç ölçülü bucaqla baxdığımızda onun piramida şəklini aldığını görə bilərik. Nöqtə bilgidir, lövhi məhfuzdakı bilgidir və hər sistemə görə öz açılması vardır. Lövhi məhfuzdakı bilgilər hər sistemə görə dəyişir, o sistemin ehtiyacına görə kodlamalar müxtəlifdir. Nöqtədən əks edən bilgilər, Tanrısal nur ilə aydınlanır və holoqram dünyasını təşkil edir.

Hər əks etmə bir planetin şüur kainatını təşkil edir. Bu şüur kainatı planetə tabe olan canlıları tərbiyə edən Rəb sistemidir. Rəb Sistemi, varlıqları tərbiyə edən, ehtiyaclarına görə olaylar meydana gətirən, inkişaf və təkamül etdirən bir quruluşdur.

Bu konusvari quruluşun işləmə mexanizmi belədir:

Ən möhtəşəm nizamla özünü əbədi edən, bütün sualların cavablanmış, təkrarlanmış və ən mükəmməl hala gətirilmiş, ən mükəmməl hala gətirilməyə davam edən, inkişaf edən, mərhələ-mərhələ haldan hala keçirilib genişlədilmiş, heyrətə salan

bir enerjisi olan, tamamlanan, dönüb-dolanan, hər dolanmada
sıçrama yaradan bütün bu baş verənlərin tamamıdır.

İlahlik anlayışı

Tanrıdanlıq-ilahi olmaq demək, Tanrı olmaq demək deyildir. İlahilik, Onun ilahi Nurunun sərhəddinə ən yaxın olma halıdır. Yaşayarkən bunu əldə edə bilmək, ölmədən ölmək anlayışıdır. Təsəvvüfün ən təməl anlayışlarından biridir: ölmədən ölmə anlayışı.

Bütün varlıqlar və kainat Tanrıdandır. İstisnasız bu məvhum dəyişməz. Və Tanrı, bütün yaradılmışlara istisnasız olaraq yaxındır.

Allah **can damarından yaxındır** anlayışı, ilahilik anlayışıdır.

Ancaq mühim olan varlıqların Tanrıya nə qədər yaxın olduqlarıdır.

İlahilik anlayışı, əlamətlərdə əlamət olmadan Tanrıda olmaqdır. Qısacası, həm Tanrıdasan, həm Tanrı səndədir. Bu hal, bədənliykən ən çətin dərk olunan haldır. Çünki bütün əlamətlərdən və formalardan kənar bir idraka ehtiyac duyulur. Bu fiziki olaraq mümkün olmayan bir haldır. Lakin qavramaqla mümkündür.

Sadə bir misal çəkək:

Bir evin salonunda oturanda o evin də sənin içində olduğunu qavramaq. Həm evin içindəsən, həm ev sənin içindədir. Bu fiziki olaraq mümkün deyildir. Lakin qavramaq ilə mümkündür.

İlahilik, iki yay məsafəsinə çatan, sərhəddə ən yaxın olan, Tanrının ilhamlarını hiss edə biləcək qədər bütün hislərin fəal olma halıdır.

Bu hala təsəvvüfdə "Tövhid" adı verilir. Tövhid anlayışı: Birlik və Bütünlükdür. İlahilik məvhumu idrak etmək deməkdir. Həllac Mənsur fəlsəfəsində, ilahilik anlayışı belə açıqlanır: Tanrı, bütün formalardan arınmışdır. Tanrı Tanrıdır. Və Tanrı, sadəcə, özüdür. Tanrı izah edilməz, əl çatmaz, əldə edilə bilməz. Varlıqlar Tanrıdan nə ayrıdır, nə də ona yapışıqdır. Hər biri öz orbitində, öz enerji sahəsində, azad iradəyə sahibdirlər.

Tanrı və varlıq, nə ayrıdır, nə də eynidir. İlahilik anlayışı, hər kəsin anlaya biləcəyi bir anlayış deyildir.

Bunu ən yaxşı ifadə edə bilən vəziyyət: Fizikada heç bir şey eyni anda eyni yerdə mövcud olammaz. Yan-yana, üst-üstə, alt-alta, ya da sağında-solunda dura bilər. Lakin iç-içə, bir bütün olaraq durammaz. Elmi olaraq bu şəkildə isbat edilmişdir. Atom ölçülü bütün varlıqlar arasında boşluq vardır. Bu boşluqlar ilə bir-birinə çox güclü bağlarla bağlıdır. Qopmaz, ayrılmaz, amma eyni zamanda da əsla da iç-içə keçməz. Bir-birinə qətiyyən təmas etməz. Hər biri öz orbitinə və azad iradəsinə sahibdir.

Elə buna görə də ilahilik anlayışı, Tanrı olmaq mənasına gəlməz. Varlıqlar Tanrı ola bilməzlər.

Varlıqlar Tanrının Nurundan əks edirlər. Tanrıdan əks etmək, Tanrının özü olmaq demək deyildir.

Varlıqlar, Tanrısal Özdəndir-ilahi mahiyyətdəndirlər. Lakin Tanrının mahiyyəti deyildir.

Ən bəsit örnəklə deyək:

Bir boşqab şorba içində, bir boşqab şorba olmaz. Əgər elə bir şey olsaydı, iki boşqab və iki şorba olardı. İkilik anlayışı isə İlahi Sistemdə mümkün deyildir. Tanrı vardır və başqa bir şey yoxdur. Hər şey Tanrıdandır, lakin Tanrı deyildir.

Tövhid anlayışı

"Şükür edin, amma Tanrını tez-tez anmayın. Tövhid olmağı diləməyin, hər şeyinə şükür edin" **Həllac Mənsur.**

Təsəvvüfdə və dini anlayışlarda ən çox işlənən ən üstün bir kəlimədir bu: **Tövhid**

Birliyin və Bütünlüyün, həyatda ikən hiss edilməsidir.

Həllac Mənsur Tövhid anlayışına "şey" adını verir. Çünki Tövhid anayışına ad verə bilmərik. Ancaq Tövhidi qavramaqla anlaya bilərik. Tövhid anlayışı haqqında əldə edəcəyimiz hər fikir, məhdud və nöqsanlı olacaqdır.

Həllac Mənsur fəlsəfəsində, Lövhi Məhfuzdan kənara çıxan, orada artıq hərflərin tükəndiyini anlayar. Hərflər tükənmişsə, heç bir insanı məvhum qalmamışdır. Bu tam bir MİM halıdır. Və MİM olan varlıq səcdədədir. Həllac Mənsur bu səcdə anlayışına Tövhid adını verir. Çünki orada sifətlər anlayışı yoxdur. Mən, Sən, O kimi anlayışlar yox olur. Eqo yoxdur. Düşüncə belə yoxdur. Orada sadəcə Həqiqət vardır. Dəyişməyən yeganə doğru Həqiqət. Hələ bədəndə ikən, Lövh-i Məhfuzdan kənara çıxılaraq çatılan bu əsl şüur Tövhiddir. Lövhi Məhfuzun kənarına çıxa bilməyən bunu qavraya bilməz. Qavraya bilmədiyi bu halı da təsvir edə bilməz. Həllac Mənsur bu dərk olunmayan vəziyyətə, "şey" adını verir.

Tanrı, bütün kainatı, görünən və görünməyən mahiyyətin fəzilət ilə əhatə etmişdir. Görünən Mahiyyətin fəziləti, Haqq anlayışıdır. Görünməyən mahiyyətin fəziləti də Mütləq anlayışıdır.

Haqq ilə Mütləq arasında bir ayrıma və bir ayrılıq yoxdur. Haqq ilə Tanrı arasında da bir ayrıma və ayrılıq yoxdur. Tanrı mahiyyətin fəziləti ilə hər ölçüdə fərqli və müxtəlif titrəşimlərlə var olur. Hər ölçüdəki varlıqlar, insanlar, titrəşimlərin sıxlığına görə Tanrıya müxtəlif adlar verə bilər. Tanrı adlarının çoxluğu, Tanrının mahiyyət fəzilətində bir problem yaratmaz. İnsanlar, hiss etdikləri bu ucalığa istədikləri adlarla çağırıla bilərlər.

Tövhid məvhumu, bədənlilərin anlaya biləcəyi bir anlayış deyildir. Ancaq ölmədən Tanrıya çata bilənlərin qavraması ilə mümkündür. İlahi Sistemdə bir ayrılıq, bir qopuş və bir birləşmədən söhbət gedə bilməz.

Qısacası: Bədənli insan öləndə Tanrıya yapışmaz. Doğulanda da Tanrıdan qopmaz. Ölüm və doğum yoxdur. Sadəcə planetlərin şərtlərinə uyğun forma alma, bədəndə görünmə, ölçülərə görə və titrəşimin tezliyinə görə formaya düşmək vardır.

Varlıqlar istəsələr də, istəməsələr də Tövhid anlayışı içindədirlər. Lakin bunu dərindən hiss etmədikləri müddətcə ayrı bir varlıq olaraq yaşayacaqlar: ta ki, Tövhid anlayışının qavranmasına çatana qədər.

Sirr anlayışı

Sirr, Tanrının özəlliyidir. O, varlıqların mahiyyətini öz surətində yaratdı, onlara öz ruhundan nəql etdi.

Tanrı, varlıqlarından sonsuz qopuşlarla ayrıldı. Özü eşq və sirr iksirindən içdi. Bax, bu **eşq və sirr iksiri**, öz ruhundan nəql ediləndir. Eşq və Sirr İksirini içən varlıqlar çoxaldılar, fərqliləşdilər: Mərhələdən mərhələyə, haldan-hala, pillədən pilləyə keçərək.

Bütün şanı ilə əl çatmayan-tapılmayan tək nöqtə, rəqəm olaraq sayılmayan, haqqında bütün sifətlərdən və sözlərdən uzaq, sirli: Sirr Tanrının xüsusiyyətidir. O özünə aid nişanələr –dəlillər qoyur. Ancaq bu nişanələr, dəqiq olmayan, dəlillər daşımayan, şahidlik etməyən, hökmsüz, bilinməz, dərk edilə bilməz, formasız və şəkilsizdir. Varlıqlar, sirrin qeyri-müəyyən olduğuna görə inkar içindədirlər. Ancaq qəbul etmiş inkarın içindədir, inkar isə qəbul etmənin içində gizlənmişdir. Heç bir şey göründüyü kimi deyildir. Sirrin əsas qayəsi, məqsədi budur. Gerçək qəbul edilişin, imanın kimdə və nə ölçüdə olduğu bilinməzlik daşıyır.

Bilmək ilə bilməmək, bilinmə ilə bilinməzlik bir çəmbərin içi və çölü kimidir. Bir-birindən qopa bilməyən, ancaq kürək-kürəyə, qaynayıb-qarışan, ayrılmayan, ancaq fərqli anlayışlar kimi bütün məvhumlardan və dərketmələrdən üz çevirmişdir. Hər anlayışın sonrası bilinməzlikdir. Bütün bilginin, dərk etmənin sonrasında, idrakların ən üstündə niyyətlərin, vərdişlərin, üsulların, qayələrin, məqsədlərin, hislərin sonrasındadır.

Ancaq Sirr anlayışlardan və formalardan uzaqlaşmamışdır. Hər qavramağa və anlayışa özündən daha yaxındır. Bunu anlaya bilmək, bədənli olanların dərk edə biləcəyi bir hal deyildir. Bu, ancaq bir az hiss etməklə qavranıla bilər.

Varlıqlarda Tanrı bilgisi azdırmı?

Varlıqlar, sirri məhdudluğuyla tanıya bilməz, çünki **məhdud olan** nə öz varlığını, nə də Tanrının varlığını bilə bilməz.

Varlıqlar "Mən" deyərək Sirri tanıya bilərmi?

Varlıq, sirri öz varlığı ilə biləmməz, çünki "mən" desən "sən" ortaya çıxar və bu ikilikdir. Lakin Tanrının möhtəşəm kainatında iki varlıq, iki ilah ola bilməz. Tanrı təkdir və Ondan kənarda heç bir şey yoxdur, Ondan başqa bir şey yoxdur. Buna görə də **mən** deyən varlıq Tanrını biləmməz. Varlıq **mən** dediyi anda, **Tanrı vardır** deyə bilməz. Bu ikilikdir. Çünki Varlıq və Tanrı eyni anda, eyni zamanda, eyni məkanda bir yerdə ola bilməz. Bu fizika elmində də belədir. İki varlıq eyni zamanda, eyni məkanda yer tuta bilməz.

Tanrı varsa varlıq yoxdurmu? Mən Yoxam-Tanrı Var deyən bir idrak ola bilərmi?

Varlıq, Tanrını, öz yoxluğu ilə tanıya bilməz. Yoxluq bir pərdədir, əngəldir. Tanrı, pərdələrdən və əngəllərdən uzaqdadır.

Varlıqlar, Tanrını vəhylə tanıya bilərmi?

Varlıq, vəhylərlə ötürülən ilahi bilgiləri bilər, ancaq bu bilgilərlə Tanrını tanıya bilməz. Tanrı adları və sifətləri ilə Tanrını bilər və tanıyammaz. Çünki adlar və sifətlər, sadəcə anlayışdır. Anlayışlar, ancaq qavramaqla hiss edilə bilər.Ad və sifətlər, dərk etməyə xidmət edirlər. Varlıqlara fikir-düşüncə verməsi üçündür. Buna görə də Tanrı adlarla tanına bilməz. O hər cür təyindən uzaqdır, bütün məvhumlardan, formalardan uzaqdır. Düşüncələrdə yaranan anlayışlar Tanrını tanıda bilməz. Lövh-i Məhfuz kodlarından qidalanan varlıqlar Tanrını dərk edə bilməz. Tanıda bilməz. Ancaq qavramaqla hiss edə bilər.

Varlıq Tanrını öz vasitəsi ilə bilə bilməz. Ona baxdığı anda ikilik yaratmış olar.

Varlıq, Tanrını yaradılan varlıqlarla bilə bilməz. Çünki gördükləri yanılmadır. Gerçəyi görə bilmədiyi üçün gördükləri ilə kifayətlənən Tanrını tanıya bilməz. Çünki Tanrı görünənlərdən uzaqda, yaratdıqlarından uzaqda, var etdiklərinin hamısından uzaqdadır.

Sirr, görünən hər şeydən uzaqdadır. Ancaq varlıqların bəsləndiyi qaynaqdır.

Varlıqlar, Sirrə sahib çıxmaq istərlər. Lakin bunu bacarmazlar. Bacarmayan varlıqlar sübut istərlər. Sübut ardınca düşərlər. Sirri ortaya çıxarmağa çalışarlar. Bax, bu həqiqi yorğunluqdur. Yorular, qaçar, bezər, əl çəkərlər. Sirrin axtarışı ərəfəsində, axtara-axtara yox olub gedər. Anlayışlar və dərketmə dənizində boğular. Sonra o dəniz quruyar və ondan bir heçlik qalar.

Məvhumlar ispat ediləmməz. Ancaq dərketmə ilə hiss edilər. Gizəm də bir anlayışdır və isbat olunammaz. Nəylə isbat edərsiniz edin, Sirrin ölçüsü yoxdur. Ölçülə bilən bütün dəyərlərdən uzaq bir anlayışdır.

Sirr, formaları sevməz. Şəkilləri sevməz. Lakin formaların və şəkillərin bəsləndiyi əsas qaynaqdır.

Xəyallar, idraklar, şəkillər, formalar Sirri təyin etmək üçün səy göstərir. Bu səyi, görə bildiyi kainatdan örnək alaraq edər. Lakin Sirr, görülən kainatdan uzaq bir anlayışdır. Buna görə də varlıqlar, forma və şəkillərlə Sirri müəyyə edə bilməzlər.

Sirr bütün varlıqların dalınca düşdüyü, lakin heç cür çata bilmədiyi anlayışdır. Lakin Sirr, hər varlığa, onun özündən daha yaxındır.

Rəbb anlayışı

Tanrı öz dostlarıyla, ya da peyğəmbərləri vasitəsi ilə danışır. Ancaq danışan Mütləq Tanrı deyildir, Rəbdir. Və Rəb ancaq Lövh-i Məhfuzda o sistem və o planetin kodlu bilgisini, planet üzərində yaşayan insanlığın ehtiyacı nisbətində ötürür. Hər sistemin, hər planetin, hər yaradılanın, hər insanın Rəbbi vardır. Və bütün Rəb məvhumları, bütün sistemlərin Rəbbi olan Allaha bağlıdır.

Rəbb anlayışı: Tərbiyə edən, idarə edən və inkişaf etdirən mənasını daşıyır. Rəb, İlahi təşkilata və İlahi idarə mexanizminə verilən addır.

Quran-i Kərim, Fatihə surəsi "Aləmlərin Rəbbi" ilə başlayar və Nas surəsi "İnsanların Rəbbinə" ilə başa çatar. Və ilk vəhy "Səni Yaradan Rəbbinin adı ilə oxu" çağırışıdır.

Quran-i Kərim ayələrində "İki gündoğanın Rəbbi", "İki gün-batanın Rəbbi", "Sabahın Rəbbi", "Mənim Rəbbim", "Sizin də Rəbbiniz", "Aləmlərin Rəbbi Allah" kimi anlayışlar yer alır. Xətti bir baxış baxdıqda ortaya Rəbblər anlayışı çıxır. Bu nöqsanlı bir fikir olar. Çünki hər varlığın, hər yaradılanın bağlı olduğu bir Rəbbi var kimi görünsə də, çoxluq olduğu demək deyildir. Rəbb bir sistemin, bir birliyin işləmə mexanizminin ümumi adıdır.

Təsəvvüf və dini düşüncəyə görə öldükdən sonra verilən ilk sualın "Rəbbin kimdir?" sualı olduğu bildirilir. Qısacası, yer üzündə səni kim tərbiyə etdi? Kim qoruyub müdafiə etdi? Kim sahib çıxdı? Bir kölə ikən səni satın alan ağanmı? Tapdığın büt-lərdən birimi? Yoxsa, səni tərbiyə edən İblismi oldu? Sənin ha-kimin pul, cəvahirat, ya da malikanələrdimi? Qısacası, Rəbbin kimdir? Bu çox vacib bir sualdır. Və bu sualın cavabını ancaq in-san özü verə bilər.

Quran-i Kərimdə Rəbb kəlməsi 971 dəfə təkrarlanmışdır. Maraqlıdır ki, islamın qəbul etdiyi Allahın 99 adı və sifətləri ara-sında Rəbb anlayışı yer almamışdır.

Rəbb anlayışı, ərəbcə bir kəlmə olub, "islah edən, böyüdən, baxıb qoruyan, baxan, qoruyan, sahib, əfəndi" mənalarına gəlir. İslamdan əvvəl ərəblərdə Rəbb anlayışı bütlərə verilən bir ad idi. Və kral mənasını daşıyırdı. Kölələrin əfəndilərinə verdikləri ad da Rəbb idi.

Lakin islamdan sonra Rəbb anlayışı, Allaha işarət edən bir anlayış oldu. Rəb dedikləri bütləri yıxıldıqdan sonra, Rəb deyə səsləndikləri Allah anlayışı ortaya çıxdı. İslam ilə birlikdə kölə-lik də sona çatmışdı. Kölələrin, sahiblərə və əfəndilərə verdikləri Rəbb anlayışı öz yerini də Allah anlayışına verdi. Qısacası, Rəbb anlayışı dəyişmədi, sadəcə mənası və mahiyyəti dərinləşdi.

İslam dinində, "Allah hər şeyin Rəbbi ikən, mən Allahdan başqa Rəbmi axtarım" deyən əsas prinsip ağıllarda işləmiş oldu.

Qurandan başqa Tövratda da Rəbb kəliməsi, Tanrı kəliməsindən daha çox işlənir.

Dağlara forma verən, küləkləri əsdirən, düşüncələrini insana bildirən, işığı qaranlığa çevirən, dünyanın yüksək yerlərinə ayaq basan da odur, onun adı Rəbb, hər şeyə hakim Rəbdir (amos, 4:13).

Davud peyğəmbərin kitabı Zəburda da Tanrı sözündən çox Rəbb kəliməsi işlənilir.

Asəfin adı keçən "Zəbur": *1. Güclü olan Tanrı Rəbb danışır.*

Tanrı, sifətləri və adlarıyla kainata hökm edir. Bütün bu ad və sifət anlayışlarının varlığı Rəbb anlayışını əhatə edir. Tanrı varlıqlarla ünsiyyət halındadır. Bu ünsiyyət də Rəbb Sistemi ilə həyata keçirilir. Rəbb anlayışı Təkliyin rəmzidir. Yəni, hər varlığın Rəbbi olması, çoxluq mənasına gəlməz. Rəblər deyə ifadə edilməz. Rəbb sonsuz Təklərdən ibarət olan bir iyerarxiyadır.

Tanrı Təkliyin ifadəsidir. Sonsuz Təklər iyerarxiyanı meydana gətirir. İyerarxiya İlahi bir prinsipdir.

Rəbb anlayışını açıqlamaq istəsək belə deyərik, Rəbb, bir iyerarxiya nizamıdır.

Sonsuz sayda təklərdən yaranır. Sonsuz təklərdən ibarət olması onun çoxluq olması mənasında deyildir. Sonsuz təklər də, tək və bir olan Allaha bağlıdır.

Dünyanın Rəbbi, insanın Rəbbi, şərqin Rəbbi, qərbin Rəbbi, sabahın Rəbbi, insanların Rəbbi, aləmlərin Rəbbi anlayışları, iyerarxik nizamı anlamağımıza yardım edir. Quran ayələrində də bu iyerarxik nizama diqqət çəkilmişdir.

Rəbbi bilmək anlayışı

Təsəvvüfdə "İnsan öldükdən sonra, məzarında soruşulacaq ilk sual "Rəbbin kimdir?"olacaq demişdik. Bu nisbi mənadadır. Bu sual, doğrudan da, veriləcəkmi, bilmirik. Amma "Rəbbin kimdir?" sualı təsəvvüfdə çox əhəmiyyətli bir yer tutur.

"Rəbbin kimdir?" sualına cavab verə bilmək üçün Rəbbinin kim olduğunu, doğrudan da, bilməlisən.

Təsəvvüfün ən təməl fəlsəfi bilgisi "Özünü bil, Rəbbini bil, irəlilə" anlayışıdır.

İnsanın "Rəbbin kimdir?" sualına cavab verə bilməsinin ən əsas qanunu öncə onun özünü bilməsidir.

Dünya yaşamı, insanın öncə özünü bilməsi, sonra Rəbbinin bilinməsi olaraq adlandırıla bilər.

İslam dinində **kafir** məvhumu çox yer alır. Kafir: özünü tanımayan mənasını verir. Özünü tanımayan o deməkdir ki, o Rəbbini bilə bilməz.

Özünü tanımayanın ümumi xüsusiyyətləri belədir: Maddəyə gömülüb nə olduğunu unudan insandır. Öz mahiyyətini bilməyən mənasına gəlir. İnsan anlayışı, uca bir məna daşıyır. Azadlıq, müstəqillik, özünü tanıma, kamilləşmə və Rəbbindən xəbərdar olma.

Özünün nə olduğunu unudan və xatırlamaq üçün heç bir cəhd etməyən insan, başqa sözlə vicdanı ilə hesablaşacaqdır.

İçində olduğu özünü tanımayan vəziyyətdən, özünü bilən halına keçməsi üçün xatırlamağa ehtiyac duyar. Elə burada da Rəbb planı dövrəyə girər. Rəbb, özünü tanıtmaq üçün müxtəlif olaylara səbəb olur. Rəb bir rəhbərdir. Ehtiyac duyulan yol göstəricidir. İnsanın mahiyyət şüuru artana qədər də bu cəhdindən əl çəkməz. Çünki Rəbb planının vəzifəsi islah edici, tərbiyə edicidir.

Dünya yaşamının yeganə məqsədi İnsana özünü tanıtmaqdır. Özünü tanıyan, özünü bilər. Özünü bilən insan, Rəbbini bilər. Bu bilmə insana nə qazandırar?

Azad iradəsi ilə özünü inkişaf etdirər və dünyanı gözəlləşdirər. Dünya yaşamının boş bir savaşdan ibarət olmadığını anlayar. Ehtirasına nəzarət edər, digər canlıların yaşamlarına hörmətlə yanaşar.

İnsan və insanlıq, nə etdiyini bilməyən bir davranış göstərməkdədir. Bu səbəbdən də dünya bir savaş meydanına çevrilməkdədir.

Hz. İsanın, **"Rəbbim, əfv et onları, nə etdiklərini bilmirlər"** sözü bundan ibarətdir.

"Nə etdiklərini bilməyən insanlar" sözü, Həllac Mənsur, hz. İsa, hz. Əli və bir çox aydınlanmış ariflərdən eşidilmişdir.

İnsanlıq nə etdiyinin fərqində deyildir. Sadəcə, bunları etməkdədirlər. Lakin niyə etdiyini, etdiklərnin nəticələrini və bir-birini hərəkətə gətirən sonsuz nəticələrin fərqində deyillər. Fərqində olmadığı üçün əfv edilir.

Kiçik bir uşağın heç bir şeydən xəbəri olmadan zərər verməyə meylli olduğu kimidir insanlığın vəziyyəti. Etdiyini bilməmək anlayışından məsul tutulmamalıdır. Lakin məsul olmadığı hər vəziyyətdə də dünya cəhənnəmə dönməkdədir.

Doğrunu səhvdən ayırma anlayışı, müxtəlif zamanlarda Rəb planında bildirilmişdir. Təsəvvüfdə və İslam dinində bu anlayışa **"Furqan"** adı verilir. Quran-i Kərimin digər bir adı da Furqandır. Furqan anlayışı, insan ağlının və düşüncəsinin gəldiyi ən uca nöqtədir. Furqan: Düzü səhvdən ayırd edə bilmə qabiliyyətidir. Düzü səhvdən ayırd edə bilən insanlıq dünyanı cənnətə çevirə bilər.

Lakin insanlıq, vəhy yoluyla gələn bilgiləri də görməməzliyə vurmuş və layiq olduğu kimi qavraya bilməmişdir. Qavraya bilmədiyi üçün də tətbiq edə bilməmişdir. Müxtəlifliyi və fərq-liliyi ayrı-seçkilik olaraq görmüş və savaşçı kimliyi qazanmışdır. Baxmayaraq ki, müxtəliflik və fərqlilik, İlahi bir anlayışdır. Bu ilahi anlayışı qavramaqla idrak edə bilməyən insanlıq, savaş və qətliamlarla davam etmişdir.

Dinlər öz vəzifələrini yerinə yetirmişlər, ancaq insanlıq bunu layiqiylə həyata keçirməmişdir. Buna görə də bir müdaxilədən bəhs ediləcəksə, yenə də bunu insanlıq öz-özünə meydana gə-tirəcəkdir. Çünki dünya qanunları buna ehtiyac duyur. Sistem bunu tələb edir. Dünya kimi dəyərli bir planetin, insanlığın əlin-də yox olmasına heç bir sistem izin verməyəcəkdir. Ya dəyişəcə-yik, ya da bir bütün olaraq ortadan yox ediləcəyik. Çünki dünya biz olmadan da varlığını davam etdirə bilər. Lakin insanlıq, dün-ya planeti olmadan yaşaya bilməz.

Rəbbini bilmək insana nə qazandırar?

Özünü tanıma yolunda olan insan dünyəvi kimliyini bilir. Və bu dünyəvi kimliyin arxasında nəhəng bir ilahi mən-i kəşf edər. Şüurluluğu artdıqca mahiyyət şüuru ölçüsünə keçər. Düşüncə və anlayış ilə, ilahi məni tanıdıqca Rəbbi ilə tanış olur.

Həllac Mənsur bu halı belə ifadə edir **"Gördüyünüz mən ilə, ilahi Mən-imi bir-birinə qarışdırmayın"**.

Bədən kimliyi ilə, Tanrısal mən bir-birindən fərqli anlayışlar-dır. İnsan özünü bilmə yolunda özünü tanıdıqca, tanrısal məni tanıyar. Və bu səbəblə də Rəbbin kim olduğunu başa düşər.

Tanıma ilə tanış olma fərqli anlayışlardır. Bir insan ilə tanış olana qədər onu tanımazsınız. Ancaq tanış olandan sonra tanı-maq üçün zamana ehtiyacınız vardır. Bu durum, ilahi ölçüdə də belədir.

Rəbbi ilə tanış olan insan zaman keçdikcə Rəbbini tanıyar. Tanıdıqca, bu möhtəşəm güc qarşısında heyrətə düşər. Çünki Rəb, özüdür. Özü əsl mahiyyətidir. Bu durumu əsl idrak ilə qavraya bilərsə, Tanrının vəd etdiyi "Xəlifə İnsan" olar. Qısacası, sufizmdə, təsəvvüfdə ən çox işlənən anlayış olan "Kamil İnsan" forması. Kamil İnsan, Rəbbin özü olduğunu əsl mahiyyət şüuru ilə qavrayan insandır. Rəbbin özü olduğunu xatırlayan insandır. Xatırlayan insan seçilmişlərdən biridir. Qısacası, Tanrının əsl Dostudur. Bu anlayışı, bir sonrakı bölümdə ətraflı olaraq oxuya bilərsiniz.

Xatırlama insana nə qazandırır?

Rəbbin, özündən fərqli olmadığını dərk edən insan, güc qazanar. Bu güc beyin dalğaları ilə yayılmağa başlayar. İnsan artıq danışmasa belə səsi eşidilər. Titrəşimi ilə bütün mühitlərə nüfuz edər. Bədəni dünyadan ayrılsa və ölüb getsə belə, bu titrəşim, hər çağa öz möhürünü vurar.

Təqlid edən insanı necə tanıyırıq?

Qulaqdan dolma bilgilərlə anlamağa çalışan insan, lovğalanar və dünya həyatında vurnuxmağa başlayar. Mən Tanrıyam deyə ortalıqda gəzən bir çaşqın halına gələr. Təsəvvüfdə bu çaşqın insanlara "bəşər" adı verilir. İslamda bu çaşqınlıq halına "münafiq" deyilir.

Doğrudan da, Kamil İnsan səviyyəsinə çatan insan Rəbbini tanımış və onun özündən fərqli olmadığını anlamışdır. Və bu ona bir üstünlük qazandırır. Üstünlük-ərdəm qazanmayan insan, kitabı və qulaqdan dolma fikir və sözlərlə tənqid edən insandır. Ona qətiyyən etimad edilməz. Sözlərinə də qulaq asılmaz. Qulaq asılsa belə bir məna daşımaz. Tanrıyam, Mehdiyəm, Peyğəmbərəm, İsayam, Musayam deyə ortalığa çıxan minlərlə insandan biri olar və zaman keçdikcə unudulub gedər.

Həllac Mənsur **Ənə-l Həqq** deyərək məna qazanmış, eşidilmiş və bütün dövrlərə möhürünü vurmuşdur.

Seçilmişlər anlayışı

Seçilmişlər anlayışı, Həllac Mənsur fəlsəfəsində çox vacib bir yer tutur. Həllac Mənsur seçilmişlər anlayışını, Tanrının əsl Dostları olaraq qəbul edir. Seçilmişlər məvhumunu anlamaq üçün iyerarxik nizamı qavramaq lazımdır.

Mücərrədin konkretə keçişində, əsas təməl şərt Nöqtədir. Nöqtə, punto, point, zərrə olaraq bilinir. Dəyişməyən mahiyyət əsl məvhum və Tanrının ifadəsidir.

Nöqtə nədir?

Nöqtə doğrudur. Doğru nöqtədir. Tək həqiqət olan Gerçəklik, nöqtə olaraq ifadə edilir.

Nöqtə genişləndikcə, qeyri-səlisləşir, aydınlığını titirir, titrəşimi qabalaşır, fəqət əsl-mahiyyət bilgisini itirməz.

Həllac Mənsur fəlsəfəsində bu belə ifadə edilir:

Tək bir Doğru, tək bir Həqiqətdir.

Bunu necə dərk edə bilərik?

Tək Doğru, genişlənib yayıldıqca, Doğruların Doğrusu adını alır. Nə qədər ad alırsa-alsın, tək Doğru vardır. Doğruların Doğrusu da tək Doğrudur.

Həllac Mənsur, genişləmə və yayılma halına "qopuş" adını verir. Və bu qopuşun sonsuzluğuna diqqət çəkər.

Tək Doğru sonsuz qopuşlardadır.

Qısacası, tək Doğru yayılar, genişləyər, qeyri səlisləşir, titrəşimi qabalaşar. Tək Doğru anlayışı, sonsuz qopuşlarda, doğruların doğrusu qavramına keçər.Lakin əsl Bilgi, sonsuz qopuşlarda, aydınlıq azalsa da dəyişməz.

Qopuş anlayışı: Qopmaq, ayrılmaq, uzaqlaşmaq deyildir. Qopmadan qopma, ayrılmadan ayrılma, uzaqlaşmadan uzaqlaşma mənasındadır.

Nöqtə, sonsuza qədər genişlənər, yayılar, lakin əsl mahiyyətini qoruyar.

Tək Doğru, sonsuz qopuşlarda doğruların doğrusu olar, lakin Əsl Mahiyyətini qoruyar.

Tanrı Bilgisi, sonsuza qədər genişlənər, yayılar, sonsuz qopuşlara çatar, lakin Əsl Mahiyyətini qoruyar.

Əsl Mahiyyət, ən qaba titrəşimə sahib maddi mühitlərə belə nüfuz edir. Bu o deməkdir ki, hər varlıq, hansı şəkli, hansı formanı alsa belə, ən qaba və ən incə titrəşimdə olsa belə, əsl ilahi bilgi dəyişməz. Bax, bu **Nöqtə Fəlsəfəsinin** əsl mahiyyətidir.

Ən qədar insanda da İlahi Əsl Mahiyyət mövcuddur. Ən uca, inkişaf etmiş, kamilləşmiş insanda da Əsl İlahi Mahiyyət mövcuddur. Əsl Mahiyyət istisnasız olaraq hər zərrədə, hər insanda, hər dünya mühitində mövcuddur. Əsl ilahi Mahiyyət, ayırd etməz. Arxa çıxmaz. Fərqliliklər və müxtəliflik güdməz. Sonsuz sayıda varlıqlara, sonsuz genişlikdəki kainata, sonsuz formdakı maddi mühitlərə girər və qorunar. Əsl ilahi Mahiyyət hər yerdədir, hər şeydədir.

Bu məvhumdan nə anlamalıyıq? Tanrı, varlıqlarına ən yaxın məsafədədir. Tanrı ayrı-seçkilik etməz. Tanrı fərqlilik və müxtəliflik güdməz. İnsan Tanrını anlayana qədər hər an onunladır. İnsan bu ilahi sistemdəki yerini tapana qədər, Tanrı onun başının üstündədir. İnsan Əsl Mahiyyəti fərq edənə qədər, Əsl Mahiyyət onun ürəyindədir. Quran-i Kərimdə bu anlayış çox aydın ifadə edilmişdir: *"Sən harda olsan, səninləyəm"* (**Quran, Hədid surəsi, 4-cü ayə**).

Qopuş anlayışı, uca bir anlayışdır. Biz bu anlayışı "unutma" olaraq bilirik.

Genişləmə və yayılma, **unutma** anlayışını ortaya qoyar. Ən ucadan qopuş, unutmadır.

Sonsuz əzabla sonsuzluğa yayılan nöqtə qabalaşar, aydınlığını itirər və forma almağa başlayar. Şəkillənər, formalaşar, müəyyən bir ölçüyə sahib olar. Hər şəkil, ölçü və forma, bir öncəki şəkil, quruluş və formanı xatırlamaz, unudar.

Qısacası, aydınlığı azalan Forma, özündən əvvəlki Formanı unudar. Lakin Əsl Mahiyyətini itirməz. Aydınlıq azalsa da əlaqə davam edər.hər Formanın vəzifəsi, özündən əvvəlki Formanı xatırlamaqdır. Xatırlama necə olmalıdır? Özünü tanıyaraq!

Quran-i Kərimdə bu vəziyyət "Haldan hala keçmə, addım-addım irəliləmə, aşağıların aşağısı" olaraq izah edilmişdir. Və Quran-i Kərimdə ən çox təkrarlanan söz "xatırla" kəliməsidir.

Hər Forma, Tək Doğrunun bilgisini daşıyır. Həllac Mənsur bu ilahi Bilgiyə "İksir" adını verir. Bu iksir bir panzəhərdir.

İlk qopuş anı baş vermədən varlıqlar iksiri içərlər. Kainatın hər bucağına dağılarlar. Bu iksirin ümumi adı "eşq"dir.

"Eşq iksirindən içən varlıqlar, sonsuz qopuşlarla yayılmışlardır." Eşq İksiri, Mənsur şərabı olaraq da adlanır.

Qısaca, Tanrı özündən sonsuz qopuşlarla ayrılan, genişləyən, formalaşam, şəkilə düşən varlıqlarına Eşq İksirindən içirmişdir. Varlıqlar, müxtəlif formalar aldıqca, içdikləri, Eşq İksirini unudurlar. Və Tanrı, əsl Dostları vasitəsiylə "İçilən Eşq İksirini" xatırladır! Bu Tanrının dəyişməyən qaydasıdır, qanunudur, prinsipidir. Tanrı ən böyük xatırladıcıdır. Və xatırlatma hərəkətini də əsl Dostların yardımı ilə edər. Əsl Dostları anlayışına Seçilmişlər adı verilir. Seçilmişlər, xatırlayan insanlardır. Xatırladıqlarını da xatırladan missiyonerlərdir.

Bu xatırlama olayına ən yaxşı misal hz. İsa göstərilə bilər. Hz. İsa, özünü tanıyan, Rəbbi ilə tanış olan və Rəbbinin kim olduğunu bilən bir peyğəmbərdir. Və bu istiqamətdə hz. İsaya, **Rəbbin**

Oğlu deyilmişdir. Hz. İsa, özünün ilahi həqiqəti-Tanrısal Gerçəyi olan Rəbbə **'Ata'** adını verir. Ata deyə çağırdığı onun özüdür. Özünün üstün və güclü İlahi həqiqəti **Oğul, Tanrıdan doğulma deyil, Tanrısal olduğu gerçəyidir.** Xristiyanlıqda bu bilgi doğru, lakin əksik izah edilmişdir. Ata, Oğul, Müqəddəs Ruh üçlüyü, Kamil İnsan səviyyəsidir. Hz. İsanın "Tanrının Oğlu" anlayışı, Kamil İnsan səviyyəsini ifadə etməlidir.

Öz Tanrısal Gerçəyi ilə tanış olan insan, öz dünyəvi kimliyini qoruyan, islah və tərbiyə edən Rəbbi ilə qarşılaşmışdır. Rəbbi ilə tanış olan hər insan, öz Tanrısal Gerçəyinə bir ad verir. Bu hər insanın özünə xasdır. İnsan ilə özü arasında özəl bir sirdir. Bunu istər açıqlayar, hər kəsə deyər. Paylaşar. İstərsə bir ömür boyu sirr kimi saxlayar. Bu AYDINLANMAĞIN sınanmış YOLUDUR. Hər Peyğəmbərin, hər arifin, hər vəlinin, hər aydınlanmış insanın, bu Tanrısal Gerçəyə verdiyi ad fərqliliyi olur. Ən çox rast gəlinənlər bunlardır:

Hz. İsa "Ata", hz. Musa "Yehova", hz. Mühəmməd "Allah", Zərdüşt "Ahura Mazda", Hinduistlər "Brahma", Sümərlər "Anu", Misirlilər "Amon", hz. Mövlana "Şəms" Həllac Mənsur "Ənə'l Həqq" dedi. Lakin heç biri Həqiqəti, insanlara açıq aydın vermədi. Ancaq ad ilə işarət verib simvollaşdırdılar. Adlar, sifətlər dəyişsə də, tək bir Həqiqət və tək bir Doğru dəyişmədi: Hər insanın Tanrısal-ilahi olduğu Həqiqəti.

Bu ad və sifətlər bəzi ərazilərdə bir **Tanrı** olaraq qəbul edilmiş, ya da **fəlsəfi ad** formasında qalmışdır. Tanrı olaraq qəbul edilən yerlərdə, aydınlanmış insanın təlimi Din adı ilə qəbul edilmişdir. Fəlsəfi ölçüdə qəbul edilən coğrafiyalarda, aydınlanmış insanın öyrətisi-təlimi "Həyat forması" olaraq qəbul edilmişdir.

Tanrı-Din anlayışı və fəlsəfi ad -həyat forması anlayışı, Aydınlanan insanın öz Tanrısal Gerçəyinə nə qədər bağlı olduğu ilə əlaqəlidir. Bu bağlılıq nə qədər güclü və dərin isə, təsir etmə

sahəsi o qədər güclü olacaqdır. Aydınlanan insanın xatırlama də-
rinliyi buna amildir. Dərinlik son mərhələyə çatana qədər davam
edər. Hər aydınlanma mərhələsində də güclü beyin dalğaları ge-
nişləyər, yayılar və digər insanlar üzərində təsir sahəsi yaradır.
Aydınlanan insanın sözləri dəyişir. Sözlərin dərinliyi artdıqca
təsiri də artar. Bu sözlər bəzi yerlərdə vəhy olaraq qəbul edilir,
bəzi yerlərdə ilham olaraq qəbul edilir. Öz əsl ilahi formasından
aldığını birbaşa ötürən seçilmişlər, vəhy ötürməsini edə bilərlər.
Öz əsl ilahi formasından aldığını izah edərək ötürən seçilmişlər,
ilham ötürə bilirlər. Vəhy ötürülməsi, ayələri və qudsal kitab-
ları, ilham ötürülməsi də fəlsəfəni və yaşam formalarını təşkil
edir. Toplumlar bu ötürmələri din, ya da fəlsəfə olaraq qəbul
edir. Vəhy yolu ilə Əsl mahiyyəti ötürən seçilmişlərə elçi, rəsul,
peyğəmbər adı verilir. İlham yolu ilə Əsl Mahiyyəti ötürən insan-
lara ariflər, vəlilər və aydınlananlar adı verilir.

İstər vəhy yolu ilə qəbul edilən din, istər ilham yolu ilə qəbul
edilən fəlsəfi yaşam formaları olsun, dəyişməyən tək bir həqiqət
vardır: bu Tanrısal bilgilər, insanlar üzərində bir yıxım meydana
gətirir.

Yıxımların ardıcıllığı və fərqliliklərin başa düşülməsi çox
önəmlidir.

Yıxımların davamlılığı, yaşanılan təcrübələrdir.

Hər dövrün rəsulu, peyğəmbəri, arifi, vəliləri olur və Tanrı
daima seçilmişləri və Əsl dostları vasitəsi ilə bu yıxımı həyata
keçirir.

Öz əsl varlıqların uzaqlaşmış, maddəyə batmış, fiziki ehti-
yacdan əlavə bir şey bilməyən, Tanrı tanımaz insanların üzərində
meydana gələcək olan bir yıxımdır bu.

Yıxım, insanları öz həqiqətlərinə yönəldəcəkdir.

Tanrı, yıxımı həyata keçirmək üçün əsl Dostlarından yardım alar. Vəhy və ilhamları ilə insanlığı yıxıma məruz qoyan bilgilər axmağa başlayar. Həqiqət bilgiləri, insanların maddəyə olan düşkünlüklərini xatırladır. Və maddəyə yapışan mənliklərini, sökə-sökə, canlarını yandıra-yandıra xatırladır. Bu əzab, vicdan səviyyəsində yaşanır. Əgər vicdan səviyyəsində yaşanmasa, yıxım daha da şiddətini artırar. Fiziki olaylarla, insanlığın vicdanları hərəkətə gətirilir. Ta ki, hər insanın özünü tanıması və bu səbəblə də Rəbbini tanıması təmin olunur.

Quran-i Kərim ayəsində bu belə ifadə olunmuşdur:

"Rabbinə dön!" (Quran-i Kərim, Fəcr surəsi, 28-ci ayə).

Yaşamın əsas qayəsi, insanın və insanlığın Rəbbinə yönəlməsidir. Rəbbinə yönələn həyat, dünyanın cənnət olmasıdır.

Seçilmişlər və Tanrının əsl Dostları olan peyğəmbərlər, ariflər, rəsullar, vəlilər, elçilər insanlığın üzünü ağartmağa, var -dövlət qazandırmağa, zənginliklərini artırmağa gəlməzlər.

Tam əksinə, dünya yaşamlarında Rəbbə meyl edən bir həyat yaşamaları üçün Yıxımı həyata keçirməyə gələrlər.

Təcrübələr, ilahi yıxımlar və ilahi fərqliliklər bütünüdür.

Bu yıxım, bilərəkdən can ağrıtma və vicdan sızıldatma deyil, insanlığa edilən ən böyük yardım və Tanrısal mükafatdır.

Dövrlər boyunca insanlar tərəfindən Yıxımlar, səhv başa düşülə bilər. Bir mükafat, ya da yardım olaraq deyil də, "Cəza" olaraq görülə bilər. Bu da necə deyərlər, Yıxımı həyata keçirən Seçilmişlərə qarşı mənfi münasibət yaradar. Bu səbəbdən də zülüm görmüş, çarmıxa çəkilmiş, işgəncələrlə öldürülmüş nə qədər peyğəmbər, vəli, arif və aydınlanmış insanlar olmuşdur.

Çağlar boyunca, insanlar tərəfindən Yıxımlar yaxşı qarşılandığı da olmuşdur. Bu yıxımlar, "Rəhmət" olaraq da görülür. Rəhmət anlayışı, Yıxımı həyata keçirən seçilmişlərə müsbət münasibət yaranmasını təmin edir. Bu səbəblə də sevilən, qəbul edilən, təsdiq edilən seçilmişlər olur.

Seçilmişlərin və Tanrının əsl Dostlarının zülüm görməsi, onların əksikliyini göstərməz. Bu durum, o çağda yaşayan insanlığın nə qədər Tanrı tanımaz və maddəyə gömüldüyünü ortaya qoyar.

Seçilmişlərin və Tanrının əsl Dostlarının təsdiq edilərək qəbul edilməsi, onların daha üstün olduğunu göstərməz. Bu durum, o çağda yaşayan insanlığın Yıxıma hazır olduğunu göstərər.

İnsanlıq tarixi boyunca, Tanrının əsl Dostlarını qəbul etmədilər. Yalancı, cadugər, sehirbaz olaraq adlandırdılar.

Tanrının əsl Dostları da, dünya bəşər kimliyində, bizim kimi insanlardı. Tək fərqləri, xatırladan olmalarıydı.

Tanrının əsl Dostları, insan kimliyində olsalar da, özlərini tanıyan və Rəblərini bilən insanlardır. Sözləri doğru və əmin sifətli insanlardı.

Həllac Mənsur bunu bu şəkildə dilə gətirir: **Seçilmişlərin geyimləri tozdandır. Onlar, Tanrısallığın təməl daşıdır. Onların əqidələri xəbərdarlıq edəndir. Buyruqları diləklərdir. Üzüntüləri də insanlığın bədbəxtliyidir.**

Seçilmişlər və əsl Dostlar, insanlıq üçün özlərini fəda edən insanlardır. Məqsədləri: insanlığın vicdan funksiyasını hərəkətə keçirmək və Tanrının Eşq İksirindən xəbər gətirməkdir.

Vicdan səsini eşitmək niyə bu qədər vacibdir?

Tanrının əsl Dostları vicdan səsini eşitməyimiz üçün niyə cəhd etmirlər?

Vicdan səsi, təsəvvüfdə əhəmiyyətli bir məvhumdur. İnsanın könlündə gizlənmiş bir incidir. Hamının maraqla gözlədiyi, axtardığı ən böyük sirdir.

Vicdan səsi, istisnasız hər insanın könlündə gizlənmiş bir Nöqtədir. Və bütün insanlar vicdan kanalı ilə Tanrıyla bağlıdırlar. Vicdan səsi anlayışı çox böyük bir sirr daşıyır. Çünki hər insanın könlündən vicdan səsi ilə danışan Tanrının özüdür.

İnsanlar, gündəlik işləriylə, dünya işləriylə, digər insanları məmnun etmək və onlara özlərini qəbul etdirmək üçün o qədər çox çalşırlar ki, Vicdan Səsini eşitməyi gözdən qaçırırlar. Halbuki, Vicdan səsi heç susmaz. Çünki Tanrı bütün varlıqlarıyla danışır. LakinTanrını eşidənlər, ancaq Tanrının əsl Dostlarıdır.

Həllac Mənsur "Ənə-l Haqq" dedikdə, vicdan səsini ən güclü eşidənlərdən biridir.

Quran-i Kərimdə "Göylərin və Yerin Orduları" anlayışı keçir. **Göylərin** sözü çoxluqdur və sadəcə yer üzərində həyat olmadığının bir sübutu kimidir. Başqa planet və ulduz sistemlərindəki Seçilmişlər və Tanrının əsl Dostlarına işarət edər. **Yerin** kəliməsi təklikdədir və Dünyamızdakı Seçilmişlər və Tanrının Əsl Dostlarına işarət edir.

Göylərin Orduları və Yerin Orduları Vicdan Səsini eşidənlərdən ibarətdir.

Allahın səsi, qulaqlara deyil könüllərədir. Vicdan səsi də könüllərdən eşidilir. Qulaqlardan deyil.

Yerin Orduları olan Seçilmişlərin adları yoxdur. Onlar adsızlardır. Sayları da bilinməz. Sayıları və adları ancaq Rəb qatında bilinir. Adı və fəlsəfəsi dünyada tanınmış nə qədər arif və peyğəmbərdən başqa, adı heç eşidilməmiş və haqqında heç bir şey bilinməyən nə qədər Seçilmiş də yer üzündə yaşadı və yaşamaqdadır.

Quran-i Kərimdə nə qədər peyğəmbər adı keçsə də, bəzi Seçilmişlərin, sadəcə, sifəti olur. Seçilmişlər, Qudsal ayələrdə, "Allah qatından elm verilən" "Allah qatından rəhmət verilən" "elm öyrətdiyimiz" "elm verdiyimiz qullarımızdan biri" olaraq keçər.

İslam dinində Seçilmişlər və Tanrının Əsl Dostları xüsusi bir əhəmiyyətə malikdirlər. Quran-i Kərimdə "Sadiqlər" anlayışı deyə adlanır.

"Sadiqlərlə bərabər olun" anlayışı

Ərəb dilində "Kademe sıdkın inde rabbihim" (Quran-i Kərim, Yunis surəsi, 2-ci ayə) olan, türk dilində "Rəbbin qatında sadiqlər məqamı" ayəsi. Bizə sadiqlərdən xəbər verir. Lakin Quran, **Sadiqlərdən olun** deməz. **Sadiqlərlə bərabər olun** deyir. Bu iki anlayış bir-birindən çox fərqli mənada başa düşülməlidir. Sadiqlər, Seçilmişlər və Tanrının Əsl Dostları anlayışını keçən bölümdə söyləmişdik.

Sadiqlər anlayışı bir məqamdır. Rəb qatında Sadiqlər məqamı və Sadiqlər planı deyə bəhs edilir. Qəlbi, dili bir, sözünə sadiq, verdiyi sözü xatırlayan, açanları kəşf edən və açanlarla bərabər olan, vicdan səsini eşidən və Tanrıdan vəhy və ilham alanlar Sadiqlərdir. Quran, Sadiqlər üçün, Rəbbin qatında gerçək bir məqam onlar üçün Haqdır, bu bir müjdədir, deyilir. Sadiqlər müjdəni verdiyində, insanlar təəccüb edər.İnsanlar heyrətə düşərlər, inkar edərlər. İnsanların çoxu, Sadiqlərə, onlar cadugərdir, deyərlər. Çox az insan Sadiqlərin Tanrı ilə əlaqəsini hiss edər.

Quran Sadiqlərlə bərabərlik anlayışı üstündə durur.

Nə deməkdir Sadiqlərlə bərabərlik?

İnsan, beyninin çox az bir bölümünü işlədir. Və şüurun sərhədləri arasında həbs olur. Məhdud beyni və məhdud şüuru ilə kainatı anlamağa çalışır. Anlayışları hiss etməyə cəhd edir. Görünməyəni bilmək istər amma bacarmaz.

Məhdud və Dar düşüncəli ancaq "fikirlər" və "təxminlər"dən o yana keçməz. Təsəvvüfdə "könülləri kor və kar" anlayışı tez-tez işlənir. Könüllərin kar və kor olması, şüurun məhdud və düşüncənin sabit olduğu mənasına gəlir. Belə bir şüur və düşüncə tərzi ilə Sadiqləri, Seçilmişləri və Tanrının Əsl Dostlarını anlamaq çox çətindir. Onların dediyi-ötürdüyü Əsl İlahi Mahiyyəti dərk etmək isə imkansızdır.

Sadiqlərlə bərabər olmaq: Sadiqləri örnək almaqdır.

Ancaq beləliklə dar dünyagörüşündən və məhdud şüur imkanlarından qurtulmaq və ağılın azadlığına qovuşmaq mümkün ola bilər.

Ardıcıllığı təmin edənlər

Bu bölümə qədər Yerin Orduları olan Seçilmişlər və Tanrının Əsl Dostlarından bəhs edildi. Lakin Göylərin Ordularından bəhs edilmədi.

Bir çox müqəddəs kitabda Göylərin Orduları, üstü örtülü və simvolik bir şəkildə ifadə edilir. Müxtəlif təriflər verilir. Quran-i Kərimdə "Uzaq yoldan gələn", "Ac və yorğun olmayan", "İnsani zəiflikləri olmayan", "Müjdə ilə gələn" deyə adlandırılır. Adları yoxdur, lakin sifətləri boldur.

Göylərin Orduları "Ardıcıllığı təmin edənlər"dir. Onlar bir dövrü bağlayıb, bir dövrü açanlara müjdə gətirənlərdir.

İslam Peyğəmbəri hz. Mühəmmədə gələn vəhy Mələyi Cəbrayıl "Ardıcıllığı təmin edənlər"dir. Quranı müjdələmişdir.

Türkiyə Cümhuriyyətinin qurucusu Mustafa Kamal Atatürk "İstiqbal Göylərdədir" sözü ilə "Ardıcıllığı təmin edənlərə"ə işarə etmişdir. Yeni bir ölkə ilə müjdələnmişdir.

Anadolu sufilərindən Yunus Əmrənin "Bizə dərvişlər gəldi" sözü çox məşhurdur. Üstəlik də, böyük bir sirr daşıyır. Yunus Əmrə bu sözü ilə "Ardıcıllığı təmin edənlər"ə işarət edər. Anadolunun ən çətin zamanlarında Yunus Əmrəyə "Səfa"nı müjdələmişlər.

Quran-i Kərimdə hz. İbrahimin ziyarətçilərinə "Salam, Yad Toplum" deyə səsləndiyi ayəsi vardır. Hz. İbrahimin qonaqları "Ardıcıllığı təmin edənlər"dir. Hz. İbrahimə oğlan uşağı verəcəkləri ilə müjdələmişdilər.

Quran-i Kərimdə hz. Musaya iki dənizin birləşdiyi yerdə qarşılayan "Rəbb qatından ona elm və rəhmət verilən gənc" sözü də "Ardıcıllığı təmin edənlər"ə bir işarətdir. Hz. Musaya elm müjdələnmişdir.

Quran-i Kərimdə hz. Məryəmə görünən "Rəbbindən gələn Elçi", "Ardıcıllığı təmin edənlər". hz. Məryəmə hz. İsa müjdələnmişdir.

Tövrat kitabında "Sayılar, Bab: (11/125) Və Rəb buluddan endi və ona söylədi" ayəsi də "Ardıcıllığı təmin edənlər"ə işarə etməkdədir.

Kitab Tövrat Heizekel ayələrində tez-tez rast gəlinən Göy arabaları deyimləri də "Ardıcıllığı təmin edənlər"ə işarə edir.

Mifoloji əfsanələrdə söylənən hekayələr, çox məşhur nağıllar və əfsanələrdə təsvir olunan Göy ziyarətçiləri də "Ardıcıllığı təmin edənlər"ə işarə edir.

Bundan başqa, heroqliflərə və tabletlərə çəkilən göy arabası və dünyadan kənar insan motivləri də "Ardıcıllığı təmin edənlər"ə işarə etməkdədir.

İlahi varlıqlar, Göy ziyarətciləri, Göy elçiləri, qoruyucular kimi anlayışlar "Ardıcıllığı təmin edənlər"dir.

Yerin Orduları qədər, göylərin orduları da böyük əhəmiyyətə malikdir. Və üstü örtülü rəmzi ifadələrlə adlar verilir. Göylərin Orduları da, fərqli ölçülərdən, fərqli planetlərdən gələn, dünya canlılarının qorunması vəzifəsində olan, növlərin və nəsillərin davam etməsini təmin edən Rəbbin Seçilmişləridir.

Quranda bəhs edilən Ardıcıllığı təmin edənlər, ümumiyyətlə, "oğlan uşaqları" müjdəsi ilə gəlirlər. Bakirə hz. Məryəmə və hz. İbrahimin yaşlı və qısır arvadına "oğlan uşağı müjdəsi" gətirən yenə də Ardıcıllığı təmin edənlər.

Bir çox qudsal ayələrdə də Ardıcıllığı təmin edənlərdir "Yardım və xidmət" məqdəsi ilə elm öyrətmək və idrakı yüksəltmək üçün vəzifə yerinə yetirmişlər.

"Ardıcıllığı təmin edənlər"in ortaq bir xüsusiyyəti vardır: Dəyişmə.

"Ardıcıllığı təmin edənlər"dən sonra mütləq bir dəyişiklik yaşanır. Onların ziyarətləri bir dönüş nöqtəsidir. Radikal bir dəyişmədir. Və möcüzəli olayları tərtib edirlər.

Onların tək bir məqsədləri vardır: Yaşamın ardıcıllığını tənzim etmək.

Bu ziyarətlər fiziki bir təmas ilə gerçəkləşir. Çünki kəlam, dəyişiklik üçün insan "Ardıcıllığı təmin edənlər" anlayışına çox da yad deyildir. Ekoloji sistem bunu hər an həyata keçirməkdədir. Təbiət olaylarını izləyərək bunu anlaya bilərlər. Xüsusi olaraq diqqət çəkməliyik ki, yer üzündə baş verən bütün əməliyyatlar İlahi nizamla bir-birinə bənzəyir.

Dünyamızda da **"Ardıcıllığı təmin edən"** bəzi ünsürlər vardır. Hər şeydən əvvəl küləklər, buludlar, okeanlar, çöl qumları, polenlər kimi. Onlar olmasaydı, dünyada eko sistem yox olub gedə bilərdi.

Saçıb sovururlar, əsib bir yerdən bir yerə nəql edirlər, araşdırar, ardıcıllığı təmin edərlər. Ağır yük daşıyan buludlar ki, onlar tonlarla ağırlıqda olan su buxarı sayəsində göy üzündə havadan yüngül olduqları halda eləcə dura bilirlər. Onlar ardıcıllığı təmin edən ən önəmli təbiət olaylarıdır. Külək və bulud olmadan, həyatın ardıcıllığı təmin edilməz. Yazı müjdələyən qışda yağan qardır. Buzluqların yaranmasına səbəb olan səhra fırtınaları ilə daşınan çöl qumlarıdır.

ƏNƏ-L HƏQQ QƏDİM BİLGİ

Həllac Mənsur Fəlsəfəsi

Əsas Anlayışlar 3

"Əsas anlayışlar, 3-cü bölümdə" Həllac Mənsurun fəlsəfəsindəki əsas anlayışlara yer verildi. Bütün üstü qapalı olan örtülər açıldı. Bu anlayışların hər biri ayrı-ayrı başlıq altında toplanıb izah edildi. Bu anlayışların açıqlamalarını dərin bir duyğuyla, başa düşüləcəyinə diqqət edərək izah etməyə çalışdım.

Danışmaq anlayışı

Danışmaq anlayışı, bütün təlimlərdə olduğu kimi, yer üzündə yaşayan hər toplumda, kültürdə, təsəvvüfdə və dini qaynaqlarda çox önəmli bir yer tutur. İnsan bir-biri ilə dil vasitəsi ilə

ünsiyyət quran bir canlı növüdür. O ünsiyyətini, ümumən, danı-
şıqla qurmağa üstünlük verir. Bu, danışmaq qarşılıqlı anlayışdır.

İnsan, sadəcə, digər insanlar ilə deyil, digər canlı növləri ilə
də danışa bilir. Təbiət ilə, heyvanlarla, ağaclarla, quşlarla, axar
sularla, dağlarla ünsiyyət qura bilər. Ümumiyyətlə, danışma bir
tərəfli olsa belə bu ünsiyyət insana böyük rahatlıq verir.

İnsan Rəbbi ilə, Tanrısı ilə, Allah ilə, Ucalıq ilə də danışa
bilər. Cavab almasa belə, buna böyük ehtiyac duyar. Bu sayədə
könlünə, sezgi, ilham, vicdan kanalı ilə bərəkət və rahatlıq gələr.
Bir sözlə, cavab ala bilsə də, bilməsə də insan danışan varlıqdır.

Ucalıq anlayışı danışma anlayışına daxildirmi? Tanrı, Allah,
Rəbb insanlarla danışırmı?

Həllac Mənsur fəlsəfəsində, Tanrı, özündən, ya da öz dostla-
rından başqasıyla danışmaz.

Həllac Mənsura görə O, Rəbb, Allah, Tanrı, sadəcə öz dostla-
rı və seçilmişlərlə danışır.

Həllac Mənsurun "TəvaSin" kitabında bəhs etdiyi önəmli
bir şifrə vardır: The Master of Yathrib-türkcəsi belədir: Yesribin
əfəndisi.

Yesrib, Quran-ı Kərimdə sadəcə bir ayədə keçir. Əhzab sure-
si 13-cü ayədir bu. Bu ayə Yesrib xalqına bir səslənişindən bəhs
edir. Yesrib ilə bağlı başqa ad və ya ətraflı məlumat yoxdur.

Yesrib haradır?

Yesrib, Mədinə şəhərinin keçmiş adıdır. Əsl mənası "şəhər"
deməkdir. Lakin bu şəhər sözünün mənası "aydınlanmış şəhər"
deməkdir. Şəhər kəliməsinə böyük bir güc yüklənmiş və indiki
mənasıyla "dövlət" anlayışına bürünmüşdür. Yesrib, Dövlət mə-
nasını daşıyır.

Yesrib xalqı, İslam peyğəmbəri Mühəmmədə öz ağıllarının,
vicdanlarının səsi ilə və azad iradələri ilə qucaq açmış bir xalqdır.
Beləcə də, aydınlanmış bir xalq olaraq ifadə olunur.

Yesrib, bir hicrət yurdudur. Yesrib xalqı, öz azad iradələri ilə İslam dinini və Peyğəmbərini sevgi ilə qəbul etmişdir. Buna görə də Yesrib xalqı, aydınlanmış xalq və ya azad xalq olaraq ifadə edilir.

Həllac Mənsurun şifrəsi olan "Yesribin əfəndisi" anlayışı olduqca diqqət çəkicidir. Çünki Yesribdə olduğu vaxtlarda aldığı vəhylərin məzmunca fərəhlənmə və aydınlanmanı ifadə edir. Bu aydınlanma, mədəniyyətin və dövlət anlayışlarının əsasını təşkil edir. Mədəni anlayışının geniş yer tutduğu Yesrib daha sonralar adını Mədinə olaraq dəyişdirir.

"Yesribin əfəndisi" nə deməkdir? Azad iradəni və azad düşüncəni təmsil edən bir xalqın və aydınlanmış bir şəhərin əfəndiyə ehtiyacı vardırmı?

Əfəndi anlayışı, yetkin və lider mənasına gəlir.

Yesribin əfəndisi anlayışını, Yesribin lideri, Yesribin yetişkin gücü olaraq anlamalıyıq.

Həllac Mənsur, Yesribi "ən mükəmməl və qiymətli hədiyyələrin" edildiyi yer olaraq ifadə edir. Bu bir şifrədir. Bu şifrəni ancaq çözə bilənlər anlayacaqdır ki, Tanrı öz dostlarından başqasıyla danışmaz. Həllac Mənsur, həqiqi Tanrı Sözlərinin və ucalığının, görə biləcəyimiz, toxuna biləcəyimiz və oxuya biləcəyimiz gizli bir kitabda toplandığını da açıq ifadə edir. Bu, Gizli Kitabın da, quşların diliylə yazıldığını xüsusi vurğulayır.

Quşların dili nədir?

Quş dili, görülə bilən və görülə bilməyən bütün aləmlərlə, bütün varlıqlarla ünsiyyət metodudur. Lakin quş dilinin təməl bir özəlliyi vardır: bu, qurulan ünsiyyətə cavab alınmasıdır.

Bu cavab alma, qarşılıq alma əməliyyatını Həllac Mənsur, "Tanrı, sadəcə, öz dostları ilə danışar" anlayışı ilə açıqlayır. Beləliklə, Quş dilini sadəcə Tanrının əsl Dostları istifadə edə bilərlər.

Quş dilini danışan əsl Dost, ancaq Yesribin əfəndisidir. Aydınlanmış xalqın lideridir. Aydınlanmış xalq, bütün zamanlara və məkanlara yayılmış və etibarlılığını qorumaqdadır. Sadəcə, təqvimin bəlli vaxtlarında yaşamaz. Sadəcə, coğrafi bir mövqedə məsəkunlaşmış deyildir. Varlığı universaldır. Hər yerdədir və hər zamandadır. Heç bir zümrəyə bağlı deyildir. Hər hansı bir etiqad ilə məhdudlanmaz. Azad iradələrin, sərbəst vicdanların yer aldığı mərkəzdir.

Yetkinliyə çatma

Həqiqət gizlidir və sirlilər bunu anlaya bilməz, buna çata bilməz. Çünki Həqiqət, yaxınlaşdıqca böyüyən, böyüdükcə uzaqlaşan, uzaqlaşdıqca dərinləşən bir anlayışdır. Həqiqət, çölün qızmarından qızmar, qütbun soyuqluğundan soyuq, atəşdən od, oddan daha isti atəşdir. Həqiqət yolu dar, kələ-kötür, qıldan incə, qılıncdan kəskindir. Odlu-alovlu yollar, buzdan sürüşkən yerlər, nəfəssiz qoyan çöllərlə örtülüdür. Keçilməz, keçid verməz, aman dedirtməz, nəfəs aldırmaz. Susuzladan, ağladan, yalvardan, əl çəkdirən səbəblərlə, bir çox təxribatlar və çalxalanmalarla doludur.

Bəşər, başlanğıcda nabələddir. Hər bir cığırdan keçər. Cığırlar onu yola çatdıracaqdır. Ancaq yola çatması üçün çətin bir mübarizə aparması lazımdır. Mübarizə etdiyi isə onun özüdür. İslam peyğəmbəri hz. Mühəmmədin dediyi kimi, "İnsanın ən böyük döyüşü özü ilə apardığı döyüşdür".

Təsadüf olamayan təsadüflər vardır. Və insana planlar, kəsişmələr, qarşıdurmalar hazırlayar. Hər bir vəzifə üçün seçilmiş bəşər vardır. O çətin döyüşə girib də qalib çıxarsa, deyilən müddəti tamamlayarsa vəzifəni o alar. Çünki heç bir vəzifə heç kimə verilməz, vəzifə alınar. Ləyaqəti olan vəzifəyə sahibdir. Vəzifəli doğularlar, ancaq vəzifəni davam etdirəcək, başa çatdıracaq, davam etdirəcək insanın, təyin olunmuş müddəti tamamlamaq öhdəçiliyi vardır. Bu insanın kamilliyidir.

Kamillik-olqunlaşma məcburi deyil, ilahi bir prinsipin dünyadakı görünən halıdır.

Nəfsin qurbanı

"Nəfsini, doğru olan şeylərlə məşğul etməlisən" deyir Həllac Mənsur. "Yoxsa nəfsin səni məşğul edəcəkdir," deyə də davam edir.

Nemətləri bollaşan insan "Rəbb bunu hədiyyə etdi" deyərək inanca sarılır. Lakin nemətləri azalanda isə "Rəbb məni unutdu" deyə gileylənir və inancını tərk edir. Bu iki duyğu halı bir ömür boyu davam edər.Əgər bu duyğu halında olan inancı və inkarı ayırd edə bilməzsə, kədər və sevinc içində bir həyat keçirəcəkdir.

Nemətlərin bollaşması və nemətlərin azalmasını, yaşamın bir ehtiyacı olaraq görənə qədər, inkara və inanca davam edəcəkdir.

Nə zamana qədər?

Bunu fərq edənə, ya da fərq etdirilənə qədər. Əgər fərq edərsə, bu duyğu halının öhdəsindən gəlmək üçün çarələr axtaracaqdır.

Fərq edə bilməzsə, fərq etdirilənə qədər kədər və sevinc halı insanda bir təzyiq yaradacaqdır. Bu təzyiq, halı çətinləşdirəcəkdir. Çətinləşdikcə də bəzi şeylərin fərqinə tez, ya da gec varacaqdır. Bu fərq etmə halına dinlərdə "qiyam" deyilir.

Əgər insan duyğu hallarından qurtulmağı və onları nəzarət altına almağı bacararsa qiyam edər. Qısaca, bu haldan qurtuluşu onun olqunlaşmasıdır-kamilləşməsidir. Nəfsini qurban edər və bu duyğu halından azad olarlar. Nəfsini doğru olan şeylər ilə məşğul etməyə başlayar.

Əgər qurtulammaz və nəzarət altına almağı başarmazsa, onda qapalı dövrədə fırlana-fırlana qalacaqdır. Nəfsinə uduzmuş bir halda yaşamağa davam edəcəkdir. Nəfsin qurbanı olar o zaman və nəfsi onu gərəksiz şeylərlə məşğul edər. Kölələşdirər.

Haram anlayışı

Kitabın əvvəllərində dairə mövzusuna çox geniş yer verilmişdir. İndi haram anlayışının, Dairə anlayışı ilə bütünləşmə özəlliyinə baxaq.

"Can damarından yaxınıq." **(Quran-i Kərim, Qaf surəsi 16-cı ayə)**

Həllac Mənsur, haram dairəsi ilə dünya həyatını anlatmaqdadır. Haram dairəsi sanki bədənlənməkdir və bədəndə görünməkdir. Təsəvvüfdə bədən, həbsxana həyatıdır.Bədən qəfəsində dustaq olmaqdır.

Haram dairəsini anlamaq üçün ona kənardan baxmaq lazımdır. Bu, bədən içində mümkün ola bilməyən haldır. Bədən içində ikən, yəni haram dairəsindəykən Haram Dairəsini anlamaq mümkün olmaz.

Bədən içində olmaq, bədən içində həbs olma ehtiyacıdır. Bu bir imtahandır. Ruhun, maddə ilə olan imtahanı. Qısaca, açıq şüurun, məhdud şüur ilə test edilməsidir.

Ancaq bədənini tərk edən Haram Dairəsindən çıxa bilər. Bu da ölüm deyilən anlayışdır. Ölmədən Haram Dairəsindən çıxmaq mümkün olmaz.

Bədən içindəykən, Haram Dairəsindən çıxa bilən tək insan son nəbidir deyir Həllac Mənsur. "TəvaSin" kitabında bu ifadə yer alır: "Haram dairəsindən kənara çıxarsa, insanoğlu üçün dərindən bir "ah" çəkər."

Haram Dairəsi ruhun həbs olduğu yerdir. Qurtuluş ancaq nəfsin ölümü dadması ilə mümkündür. Yaşarkən buna qovuşmaq, anlaya bilmək üçün peyğəmbərliyin sınanmış yolundan keçilməlidir.

Ənə-l Allah səslənişi

Qutlu yerə çatınca bir ağacdan səsləndi: "Aləmləri tərbiyə edən Allah mənəm", Ənə`l Allah". (Quran-i Kərim, Qisas surəsi, 30-cu ayə).

Bir Ağac dilə gəldi və qulağı eşidənə səsləndi: Mən Allaham.

Ağacın dilə gəlişinə inanan bir kütlənin onu qətl etmək üzrə olması Həllac Mənsuru dərindən yaralamışdır. Bir ağacdan danışan ilə onun özündən danışan səsin eyni olduğunu da "Ənə'l Həqq" deyərək dilə gətirmişdir.

Bir insandan səslənən Rəbbin səsinə inanmamaq ən böyük qürur deyildirmi ki? İnsanların cahilliyi, bir ağaca inanıb da ən şərəfli məxluqdan gələn səsə inanmaz. Qürurun, doymaq bilməyən qısqançlığın, ən böyük cəhalətidir.

Bir ağacdan səslənən, bir iynənin ucundan da görünər, bütün yaradılmışlardan üstün olan bir insandan da səslənər.

Həllac Mənsur "bax, bir ağacın funksiyası ilə mənim funksiyam eynidir" demişdir. Ağacdan səslənərək "Ənə'l Allah" deyən, indi də bir insandan səslənərək "Ənə'l Həqq" deməkdədir.

Qürur və ucalıq

Təvazökar ol. Bütün şərəf və üstünlüyün ancaq Rəbbindən olduğunu bilib nəfsinə bir üstünlük vermə və qürura qapılma.

Haqqa qarşı həyalı, xalqa qarşı vəfalı ol. Bütün bədəninlə, bütün hüceyrələrinlə, bütün könlünlə və bütün ruhunla Rəbbini an və zikr et. Sonsuz bir eşqə iman et.

Rəbbə aid olan nemətlərdən faydalanıb, nəfsimdəndir deyərək lovğalanma.

Hər kəsi xoş, nəfsini boş görüb, öz qüsurlarını yox etməklə məşgul ol. Əgər olmasan, o səninlə məşğul olar. Nəfsini kölə etməsən, nəfsinin köləsi olarsan. Hər fironun Musası, hər şərin qarşısında bir Nur vardır. Nəyə meyl etdiyin sənin ürəyində gizlidir.

Hər insanın bir nəfsi vardır. Nəfs, o insanın varlıq dəlilidir. Nəfsin varlığı qətidir. Qəti olmayan isə, insanın nəfsinə hakimmi, yoxsa nəfsinə yenilərək-məhkummu yaşadığıdır. Bu suala cavab, elə yaşamın öz içindədir. Yaşamı təcrübə edən hər insan əlbəttə ki, cavabı tapacaqdır.

Nəfs bir zirehdir. İnkişaf etdirilə bilər, təlim verilə bilər, nəzarət edilə bilər, nəzarəti altına girilə bilər. Nəfs hökm edici, zülm edici, zorbalıq edəndir. Gərəkdiyində güc tətbiq edər. Hədələyər, aldadar və sizin başınızı qata bilər. Qısaca, nəyə ehtiyacınız varsa, nəfs sizə ehtiyacınız olanı yaşadar.

Nəfs bir seçimdir. Seçimləriniz uğrunda sizə imkan yaradar. Səhnələr yaratmaqda və oyun göstərməkdə o bir ustadır.

Nəfsə hakimiyyət və nəfsə tabe olmaq. Hər ikisi də təzadlar halında insanın bütün yaşamını əhatə edər.

Nəfsinə yenilən insanların göstərdiyi davranışlar belədir: Yer üzündə, "Tanrı mənəm" ədası ilə gəzərlər. Mən varam və məndən başqa heç bir şey yoxdur, ədasındadırlar. Və bu hal insanı fironlaşdırar.

Nəfsə hakimiyyət, asan əldə edilən bir ərdəm-üstünlük deyildir. Yüksək səviyyədə çalışmalara ehtiyac duyar. Nəfsə hakim ola bilmək üçün öncə nəfsin nə olduğunu bilmək və nəfsi tanımaq gərəkdir. Nəfsin tanınması, özünü bilmə çalışmaları çərçivəsindədir. Özünü bilmək isə, gəlişmə və tərbiyə ilə mümkündür. Çətin yolları və mərhələləri keçmək, nəfsin cilovunu əlinə almaq, onu idarə edə bilmək, insan-i kamil məqamına varmaq. Bütün bu mərhələlər, insanın ucalığa çatmasıdır. Bu ucalıqda qürur yoxdur.

Ucalıq bir üstünlük deyildir. Ucalıq insana iradə qazandırar. Tam bir imanla nəfsinin hər cür istək və arzularını yox edə bilən və ehtiyacı nisbətində qarşılaya bilən, həyat planına görə hərəkət edə bilən bir insandır. Bu duruma gələ bilməsi üçün həyatı boyu çalışması lazımdır.

Adəm kainatı və Əzazel

Həllac Mənsur fəlsəfəsində, Əzazel və Adəm anlayışları geniş yer tutur. Həllac Mənsura görə Əzazel bir alim, Adəm isə inkişafa açıq bir quruluşu təmsil edir.

Adəm kainatı, görülə bilən kainatdır. Eyni zamanda, sonsuz aləmləri də mahiyyətcə birləşdirir. Adəem kainatı ən mükəmməl formada yaradılmışdır. Qudsal Quran-i Kərim, Allahın Adəm kainatını öz qüdrətli əlləriylə yaratdığını və ona ruhundan üfürdüyünü vəhy edir. Adəm kainatı bir bütünlükdür. Bütünlük sonsuzluğu və inkişafı təmsil edir. Çünki mükəmməlliyin ən görünən xüsusiyyəti, bilinməz olmasıdır. Bilinməz olma da, təcrübə və tətbiqata ehtiyac duyar. Mahiyyətində mükəmməllik olan hər cövhər, mütləq olqunlaşmalı-yetişməlidir. Bu duruma təsəvvüfdə "Təkamül" adı verilir. Təkamül kəliməsi ərəb dilindədir və heç bir dildə tam qarşılığı yoxdur. Təkamül, İlahi bir prinsipdir. Özündə-mahiyyətində sonsuz mükəmməllik daşıyan hər quruluşun təkamülə möhtac olduğunu bilməliyik.

Əzazel, Rəbb qatında alimdir. Fəqət Adəmdən daha üstün deyildir.Əzazel bilgisi və bilgəliyi ilə öyrədici mövqedədir. Lakin bilgisinin və bilgəliyinin təcrübəsi yoxdur. Çünki Əzazel, gəlişimə açıq bir quruluş deyil, daha çox əsl bilgini-mahiyyəti təmsil edir. Burada, Bilgəlik ilə gəlişimə açıq olmağı bir-birindən ayırmalıyıq. Bilgi nə qədər qudsal olsa da, mütləq tətbiq olunmağa ehtiyac duyar.

İlahi İradə qanunları, iyerarxik bir nizamdır. Astlıq və üstlük nizam, mərhələləri güdərək bir təsnifata ehtiyac duyar. Bilgi sahibi olmaq ilə Bilgi sahibinin gəlişimə açıq olması arasında, təsnifatda böyük fərqlər mövcuddur. Əzazel anlayışı bilgəliyi təmsil etməsinə baxmayaraq, Adəm anlayışının gəlişimə açıq olan quruluşundan daha üstün deyildir.

Bilgəlik və bilgi sahibi olma "tanımağı və qəbul etməyi" təşkil edir. Əgər bu durum yaranmırsa, çevrilmə qaçılmazdır.

Qudsal Quran-i Kərimdə bəhs edilən "Səcdə etmək" anlayışı, "tanı və qəbul et" mənasındadır.

Bilgə Əzazelin "Adəmə səcdə et" əmrinə qarşılıq mənfi bir daranış göstərməsi və bunda dirənməsi, qürura qapılmasına səbəb olmuşdur.

İyerarxiyada, Bilgəlik daima gəlişimə açıq olanı tanıyacaq və səcdə edəcəkdir. Bilgi, təkamüldən üstün deyildir. Buna görə də alim ilə ariflik bir-birindən fərqlənir. Alim olmaq hər şeyi bilməkdirsə, ariflik hər bildiyini tətbiq etmək və mənimsəməkdir. Alim olan arif olandan üstün deyildir, fəqət ona səcdə etməlidir.

Əzazelin Adəmi tanımaması, alimin arifi heçə sayması mənasındadır. Bu mövzu, qudsal kitablarda simvolik bir ifadə, bəlli adlar və səhnələrlə izah edilir.

Tanrı Əzazeldən soruşur: "Səni Adəmə səcdə etməyə, tanımağa və gəlişiminə yardım etməyə qoynayan səbəb nədir?"

Əzazel bitməz tükənməz bilgisi və sonsuz qürurу ilə cavab verir: "Səndən fərqim nədir? Sonsuzluq öncəsindən bəri sənə ən xeyirli olan mən idim. Və sən Adəmi bir palçıqdan yaratdın. Mən, sadəcə, sənə səcdə edirəm və verəcəyin hər hansı bir cəza mənim mükafatım olacaqdır."

Əmrə qarşı çıxan Əzazel, qısqançlığın, doymaq bilməyən qürurun və sonsuz ağılın əsəri olaraq Rəbbin qatından qovulur. Rəbb qatının alimlərindən olan Əzazel, qovulduğu anda, saf bir oda çevrilir və İblis olaraq ad alıb cövhər-mahiyyət dəyişikliyinə məruz qalır. Bir iblis olaraq bundan sonrakı məqsədi, Adəm və nəslini yer üzündə izləyərək, aldatmaq, ağlını oğurlamaq olacaqdır. Və bunu da Tanrıya isbat edəcəkdir. Çünki İblis, ona möhlət verilənlərdən olmuşdur.

Həllac Mənsur fəlsəfəsində, İblis anlayışı çox önəmli bir yer tutur. Mənsur, İblisin öyrətmə tərəfinə baxır. Adəmin bir şəfa, İblisin isə bir zəhər olduğunu vurğulayır. Mənsura görə, hər Adəmin bir İblisi, hər zəhərin bir şəfası vardır. Və mahiyyətcə zəhər də bir şəfadır.

İblis anlayışı, Adəm və soyu üçün, öyrədici qanunlar zənciridir. Əgər İblis, zərərli olsaydı, elə əzəl başdan yox edilərdi. İblis anlayışı, təkamülü dəstəkləyən bir quruluşun təmsilçisidir. Pis deyil, əksinə öyrədicidir. Çünki insanlar, ancaq pisi görərək, pisə yönələrək doğrunu tapa bilməkdədirlər. Bax, gerçək təcrübə və gəlişim budur. Təkamülün yeganə məqsədi, dünya yaşamında Rəbbi xatırlamaq və Adəm anlayışına uyğun dəyərli insanlar ola bilməkdir. Savaş strategiyalarında sözü edilən önəmli bir mənanı unutmayaq: "Düşmən mənim müəllimimdir. Çünki mənə daima tapşırığımı xatırladır."

İblis anlayışı, geniş bir kütləni əhatə edir. İblisin orduları qudsal ayələrdə şeytanlar, ya da iblisin mələkləri olaraq xatırlanır.

Və onlar ki, şeytanlara qul olmaqdan çəkindilər. Allaha yönəldilər **(Quran-i Kərim, Zümər surəsi, 17-ci ayə).**

"Ey lənətlilər, çəkilin önümdən! İblislə mələkləri üçün hazırlanmış sönməz oda gedin" **(İncil, Matta 25/41)**

İnsan üçün lovğalıq xarakterikdir. Onun yaradılma xamurunda şəhvət və nur bir yerdədir. Hansına daha çox yönəlirsə, insan ona uyğun yaşayar.

Nur tərəfi Tanrısallığı, şəhvət tərəfi isə İblisi təmsil edir.

Hər ikisi də tarazlıqda olmalıdır. Yoxsa ikisindən birinə daha çox meyl etməsi onun gəlişimini ləngidər.

Nur tərəfinə yaxın olması dünyadan uzaqlaşmağı və insani vəzifələrini yerinə yetirməkdə acizliyi təmsil edir.

İblis tərəfinə yönəlməsi isə fironlaşmağı gətirir. Fironlaşma, nəfsinin hakimiyyəti altına girməsi, öz nəfsindən başqa bir varlıq tanımaması, qürurunn altında əzilməsi və kainatda iki mütləq yaratmasını da öz bərabərində gətirər. Bu İlahi iradə qanunlarının əmrinə və istəklərinə qarşı gəlmək deməkdir.

Təkrar qeyd edək ki, insan bu iki boyutu da tarazlıq olaraq istifadə etməlidir. Ya insan olma özəlliklərindən uzaqlaşacaq, ya da fironlaşacaqdır.

Tarazlıq, təkamülün əsasıdır.

Eşq

"Sonsuzluqdakı ilk qopuşda, Onun Eşq iksirindən içmiş varlıqlar, çoxalmış, yayılmışlar aləmlərə.

İman gücü elə bir cövhərdir ki, ən qudsal Eşq odudur. Baxmadan görmək, duymadan eşitmək, öyrənmədən bilməkdir.

Baxmadan görənlər, duymadan eşidənlər və könül gözüylə iman edənlər.

Gəldi çatdı, tək qapılı aləmdən keçiş zamanı, qor oddan soyuq, qor oddan yandırıcı. Nəyə üzülüm, nəyə sevinim? Buraxdığım eşqiməmi, qovuşduğum eşqəmi? Sən doğuldum-öldüm deyirsən, mənsə aşiqlərin qovuşması, deyirəm.

Haqqa qovuşmaq cənnətim, Haqqdan ayrı düşməksə cəhənnəmimdir, bil ki, qor bəyaz oddayam, mükafatları neyləyim, hər iki cahanda da eşqədir həsrətim.

Hər şey, sadəcə, sənin yolundadır, məni unutduğun üçün deyil, məni xatırlamadığın üçün. O ki, aşiqdir və səni hiss etdiyində atəşə uçan pərvanə kimi dilsiz, qanadsız və anlaşılmayan olur."

Hər doğum, Ruhun Maddə ilə olan eşqidir. Qovuşma anı şənlikdir. Bütün kainat şahidlik edər bu eşqə. Doğum sancılıdır. Lakin hər sancı, aşiqlərin qovuşma anındakı sevinc çığırtılarıdır. Hər ölüm Allaha qovuşmadır. Aşiqin, eşqə qovuşmasıdır. Eşq Həqiqətdir. Həqiqət təkdir, amma sonsuz sayda əks edir. Baxış bucağında hansı əks etmə varsa, öz gerçəkliyində, öz realitəndə də o həqiqətdir. Bax, "zaman məvhumu" burada ortaya çıxar. O həqiqətdə hansı vaxta qədər qaldığın, ya da baxış bucağındakı əksetmədə nə qədər seyrə daldığın, sənin öz anlayışındakı zamanındır. Zaman təkdir, amma insanın gerçəkliyində, yəni realitəsinə görə dəyişir.

Mərkəzə ən yaxın olan ən uzaq olandır. Mərkəzə yaxınlaştıqca, hər şey daha da aldadıcıdır. Ən kiçik bir diqqətsizlikdə ən uzağa atılarsan. Cəhənnəmdə əbədi qalma məsələsi bu dövrədən ibarətdir.

"Baxan" gözlərimi, "eşidən" qulaqlarımı bağlayınca ancaq "eşidirəm" və "görürəm" o mənəvi gözəlliklərin doyumsuzluğunu. Hiss edirəm ruhumdakı əksetmələrin verdiyi rahatlığı.

Hər insan bir qanaddır, ancaq gerçək tayını tapdığında ikinci qanadı ilə Eşqə uçar.

Arama və tapma, mistik bir yolculuqdur. Arama anbaandır, tapma isə sadəcə bir yanılmadır. Tapdığını sandığın zənndən ibarətdir, çünki hər yaxınlaşma qeyb nöqtənin, tapılmayan nöqtənin mütləqliyini qavrama, mənalarda və anlayışlarda boğulma, şəkillərdə yox olmadır. Tapdığını sandığın heçlikdə bir seyr etmə, seyrə dalmadır. Həqiqət anbaan varlıqdır, görünən bütün mövcudiyyətdir, mövcudiyyətdəki vücuddur, vücuddakı hər bir zərrədir. Həqiqət hər an vardır və açan ilə özünü açığa vurandır.

Eşq ilə olanda məcburiyyət, məcburiyyət olaraq ediləndə eşq olarmı? Arama və bulma, mistik bir yolçuluqdur. Arama anbaandır, bulma isə, sadəcə, bir yanılmadır. Tapdığını sandığın heçlikdə bir seyretmə, seyrə dalmadır. Həqiqət anbaan zatdır, görünən bütün mövcudiyyətdir, mövcudiyyətdəki vücuddur, vücuddakı hər bir zərrədir.

İnsan ancaq öz mənəvi özü-mahiyyəti ilə dünya meyvələrinin dalğasını bərabərləşdirərsə, sənətkarlıq doyumsuz olar.

Hər insan bir qanaddır. Tək qanadla uça bilməz. İkinci qanada ehtiyac duyar. Buna görə də hər insan öz ölçüsündə ikinin ikincisidir. Digər parçasını axtarmaq isə mistik bir yolçuluqdur.

Axtardığını tapdığında tamamlanar. Digər qanadına qovuşar və o qanadla Eşqə doğru uça bilər.

Sonunda dualite anlayışından qurtulur. İkililik bitər, Tək olar və Eşq ilə bütünləşər. Bu bütünləşmə sonsuz bir yolçuluğun dövrəsindən ibarətdir və hər qovuşma yeni bir başlanğıcdır.

Qəlb, baxmadan görmək, eşitmədən eşitmək, toxunmadan hiss etmək, mahiyyətin və həqiqətin nə olduğu şuuruna varmaq, qeyb ilə görünənin bir olduğu bütünsəl bir idraka çatmaqdır.

Allah, ikinin ikincisinə qovuşmağı, çağırışı eşitməyi, qəlb ilə bütünləşməyi nəsib eyləsin.

Yaradan, nəfs sahibi quluna, Can damarından qohumdur. Uzaq alqısı, nəfs sahibi qulun, Yaradanına sonsuz duman içində -duman nisbətində, məsafə yanılmasıdır.

Bizə heç bir şey enmir, verilmir, qopmur, gəlmir, uzanmır. Biz birbaşa çəkirik, xatırlayırıq, açırıq. "Fətih" anlayışlarına və idrakına qovuşmamız və fətihlərimizin bol olması diləyi ilə.

Hər yerdə durmadan səni axtarırmış məgər bu ürək. Tapdığı da onun özündən başqası deyilmiş. Anladım ki, artıq sən – mən, mən-mən olmuş. Sonsuzluqda dolanan tək bir ürək imiş.

İndinin enerjisini yaxalaya bilmək bəlkə də olduqca çox çətindir, amma bir o qədər də bəsittdir. Çünki hər şey bəsitlikdir. Anı yaşayaraq, anın enerjisini almaq möhtəşəm bir enerji ilə bəslənməyi də özü ilə bərabər gətirir. Çətin, eyni zamanda da bəsit olan bu zaman-məkan toqquşmasını edə bilən, minimum da olsa, hər zaman deyil, amma etməyə belə çalışan, adilikdən qurtular və özü olar. Özü olan, Eşqlə bütünləşər və Eşqin enerjisini də hiss edər, sonunda Eşq olar.

Bütün səbəblərin tək bir səbəbi var. Və o tək səbəbi məhdudiyyət içində anlaya bilmək mümkündürmü? Sərhədsiz olmalısan ki, sərhədsiz olanı, sonsuz olanı anlaya biləsən. Fani dünyada, ölümlü bədəndə, ölümsüzlüyü və sonsuzluğu anlaya bilməzsən. Çünki dünyanın sərhədləri olduğu kimi, bədənin də sərhəddi var.

Hər dəfə də eyni şey təkrarlanmır, kainatda bir şeyin iki dəfə eynisi olmur. Hər dəfə yenilənərək yaşam davam edir. Hər dəfə bilgi cövhərdən axır və özə-cövhərə varır. Həyat alış-verişi daima yenilənir. Və dəyişmə, bu yenilənən alış-verişlərdədir.

Hər bir zərrə, zərrənin də zərrəsi, varlığı ilə yoxluğundakı bütünlükdür, hər bir parçası bütünlükdür. Bütün ilə zərrə, nöqtə ilə dairə, hər nöqtənin dairədəki bütünlüyüdür.

O bir damla ki, sonsuz dənizdir dəryada. Günəş yüksələr, yaxıb yandırar, hər bir zərrəni sovurar. Çözülərək yüksələr göyə, səbrsizliklə, bir ümidlə gözləyər daima dönəcəyi yerə. Nə zaman ki, günəş yatar, uldızlar gizlənər, göylər guruldayar, sərt küləklər əsər, damlalar sovrular ora-bura. O isə bir ümidlə gözləyər, qovuşacağı, ayrıldığı bədənə. Toplanar buludda bir bədən olub, amma yetməz ona, tonlarla ağırlığında zərrə eləcə asılı durar havada. Çaxar şimşək yağmur olar enər yer üzünə. Gah canlanan bir şəlalədə, gah qaynayan bir bulaqda, gah çılğınca tərs əsən bir çayda axar, axar da sonunda, qovuşar o möhtəşəm ədasıyla həsrətində olduğu bədəninə. Amma hər qovuşmada, soruşmaz niyə "mən" deyə, səbəbi nədir deyə. Elə eşq ki, hər qovuşma anında unudular gedər, bir sonrakı dövrəyə qədər. Amma unutmaz damlacıq hər qovuşmada O, hər dərya da O, damla da O, yağmur da O-dur. Mənsurdan "Eşq nədir" deyə soruşdular. "Səbr edib gözləyin. Üç günə qalmaz görərsiniz" dedi.

Öncə qollarını, ayaqlarını qopardılar. Lakin o heç tərpənmədi. Ağrını əks etdirmədi gözləri, inildəmədi nəfəsi. Hər üzvü eşq dedi. Dara çəkdilər bədənini, o yenə Eşq dedi. Küllərini çaya saçdılar. Hər bir zərrəsi Eşq ilə "Ənə'l Həqq" dedi. Axan qanı Ənə'l Həqq yazdı. Bütün dağlar, daşlar, uçan quşlar, ağaclar Eşq dedi. Çaylar daşdı, qabardı, şəhəri əhatə edib udacaqdı ki, Mənsurun xirqəsi yetişdi, qovuşdu Eşqə. Sakitləşdi çay. Qəzəbi keçdi. Qovuşdu Mənsur Eşqinə. Eşqi də Mənsura.

Deyirlər ki, cam-qədəh içi dolu Eşq iksiri, nar qırmızı, əlində tutur Həllac. Deyir ki, "Eşq üçün çəkilən Dara, ancaq başı verən qovuşar Nar-i Cama."

Deyirlər ki, Həllacın sirri, söylədiyi Ənə'l Həqq sözündə deyildir, axan qanındadır. Qan qovuşduğunda torpağa, külləri əsən küləyə, xirqəsi suya, bədəni oda, bax, o zaman tamamlandı. Dünyanın maddəsi çəkdi aldı apardı özündən olanı, Dünyanın ruhu çəkdi apardı ruhunu geri. Qovuşdular, bir oldular, tamamlandılar. Dağlar-daşlar inlədi, hayqırdılar sevincdən, özündən olanı özünə tamamlanaraq. Ruhu sevinc içində qovuşdu öz parçasına. Kimsə duymadı bunları, duya bilmədi. Çünki qulaqları olanlar eşidə bilər ancaq bu Eşq şərqisini. Aşiqlərin qovuşmasını. O bülbülü bədən qəfəsində ötdü, indi hər yerdə səsi eşidilir. Hər əsən küləkdə, hər axan suda, hər mövsüm yenidən doğulan torpaqda, hər yanan odda.

Görünəndə hər şeyə baxır, eşidir, anlamır, parçaları birləşdirir bir-bir, qoyduğu izləri təqib edir, dəlillərin ardınca.

Görünməyəndə hər şeyi görür, eşidir və bilgisi, nöqtənin hər yerində mövcuddur.

Həllac Mənsura görə Eşq, formasızlıqdır. Formanın olmadığı, surətlərin yox olmasındakı sevgiliyə qovuşmadır. Surət və forma, sevgilidən ayrılma, ayrı düşmə, unutma mənasındadır. Nə vaxt ki, onun ölümü üzərinə külləri sovruldu, bax, Eşq bu idi onun üçün. Çünki ruhu sevgiliyə çatmış, külləri də dünyanın torpağına çevrilmişdi. Hər şeyin bir gün əslinə dönəcəyi kimi.

Bax, Eşq, Həllac Mənsur üçün bu idi, hər şeyin əslinə dönməsi, keçici ayrılığın bitməsi, sonsuz qopuşlarda içilən Eşq iksirinin nəticəsiydi bu. Eşq iksiri varlığın əslinə dönməsini təmin etməsi idi.

Dar, Həllac Mənsur üçün, Eşqə qovuşmaqdı. Dardan o yana, Həllacın meracıydı. Həllac Mənsur üçün ərənlərin meracı Dardan keçirdi. Dar, ərənləri əslinə qaytardı. Torpaq torpağa, ruh ruha, nur nura dönərdi və hər şey əslinə dönərdi. Dar ilə Mənsur bütünləşdiyi üçün, günümüzə qədər Dar-i Mənsur olaraq xatırlanmışdır.

Eşq, Həllac Mənsur üçün, əlsiz və ayaqsız olmaqdır, çünki əl və ayaq ancaq dünya həyatında gərəklidir. Lakin kimsənin görmədiyi, bilmədiyi elə bir vasitə vardr ki, o ayaqlar bütün aləmləri gəzdirər, bütün kainatı bir saniyədə dolaşdırardı. Çünki uçmaq istəyənin qanada ehtiyacı yoxdur, qanadı olmadan da Eşq ilə uçmaq mümkündür.

"Biz sənə demədikmi başqalarının işinə qarışma deyə" **(Quran-i Kərim, Hicr surəsi 70-ci ayə).**

TəvaSin

"TəvaSin", Həllac Mənsurun, günümüzə qədər gəlib çatmış tək əsəridir. Nazik bir kitabdır. Çox başa düşülən anlayışlarla doludur. "Ənəl Həqq" kitabında bu anlayışları açıq bir şəkildə izah etdim. İndi də, "TəvaSin" anlayışının sirrini oxuyaq.

"Ta" iman etmiş, gerçəkdən Allaha yaşayarkən çatmış insanın simvoludur.

"Sin" hər varlığın yay uzunluğudur. Yay uzunluğu mövzusu, "Orbitlər" bölümündə ətraflı olaraq izah edilmişdir. Yay uzunluğu Allah ilə qul arasında olan bir sirdir. Qul, Allahı gözləri ilə görəmməz. Yay uzunluğu buna əngəldir. Ancaq -orbitindən tanıyar. Heç bir enerji digərinin enerjisinə çatmaz, çata bilməz, təmas edə bilməz. Gecənin gündüzə, ayın dünyaya, dünyanın günəşə çata blmədiyi kimi. Atomlar arasında da boşluq, hissəciklərin bir-birinə toxunmasına əngəl olur. Hər atomun da öz orbiti vardır. Hər biri öz orbitində səyahat edir.

Qısaca, hər varlığın orbiti onun "Sin"idir. Özü isə "Ta"dır. TəvaSin kəliməsindəki "va" isə çoxluğu ifadə edir.

Bütün varlıqlar, "TəSin"cövhərinə sahibdir. Mənada günün birində "TəSin" ola biləcəkləri bilgi gizlidir.

Ruhunda Rəbbin işığını yandıra biən, könlündə Rəbbin işığını ala bilən, Rəbbin çağrısını eşidən və Rəbbinə yönələnlər "Sin" dir. Qısaca, bədənli ikən, Rabbinə verdiyi sözü xatırlayanlar, "Sin" anlayışındadır. Sin yazıları kainatın əksidir. Aləmlərin Rəbbi ilə bağlantısıdır. Qeydlər tutur, ehtiyacları müəyyən edilir. Təmas qurur və axtarır. Qısaca, kainatdan Vəhyi alır ve "Ta"ya ötürür. "Ta" bədəndir. Təkamül edən, inkişaf edən, çevrilən, bilgisini tətbiq edən varlığın özüdür.

"Ta", "Sin" ilə qovuşduğunda, bütün bilgiləri cövhərlərinə ötürürlər. Ortaq bir nizamdır. Sarsılmaz bir tərəzidir. Kainatın təməl iki dayağı olan nəzarət və tarazlığın tətbiq edicisidir. "TaSin" insanın ümumi simvoludur. "Ta" maddə ilə "Sin" isə cövhəri ilə əlaqəlidir. "Ta" təcrübəni, "Sin" ilhamı rəmzləşdirir.

Bu "TaSin" İnsan-ı Kamil mərtəbəsini və Adəm Kainatını təmsil edir. "TavaSin", "TaSin" anayışının çoxluğunu ifadə edir. Bu çoxluq əslində, az sayıdadır. "TəvaSin" Haqqın yer üzü ordularıdır.

Hurufilik və Həllac Mənsur

Hürufilik (Hürufiyyə). Adını ərəb dilində hərflər mənasına gələn "hüruf" kəliməsindən almışdır. 14 və 15-ci əsrlərdə İran, Azərbaycan və Türkiyədə yayılmış bir təriqətdir. Hürufiliyi mənimsəyənlərə "Hürufi" deyilir.

Hürufi hərəkatının qurucusu və öndəri Fəzlullah Astrabadi və ya Nəimi (1339?-1394) İranın Astrabad kəndində doğulmuş və həyatının erkən yaşlarında təsəvvüfə maraq duymuşdur. Həllac Mənsurdan təsirlənmişdir. Çünki Həllac Mənsur kainatın və dünya nizamının riyazi nizam olduğunu ilk sezən və üzərində duranlardandır.

Həllac Mənsur, hər şeyin –mahiyyəti və bütün cizgilərin əsas təməlinin nöqtə olduğunu iddia edir. O nöqtə bismillahdakı be hərfinin altındakı nöqtədir. Və o nöqtəyə hz. Əli "B"nin altındakı nöqtəyəm" deyə işarət edər.

"Bundan daha gözəl olanı, öncəsiz nöqtə haqqında danışmaqdır. O tapılmayan nöqtə tək qaynaqdır. Nə böyüyür, nə kiçilir, nə də yox olur", deyir Həllac Mənsur, "TəvaSin" kitabında. Beləcə, Hürufilik sisteminin ilk təmələri qoyulmuş olur.

Bütün hərflər və formalar, nöqtənin uzantısı, nöqtənin törəmələri olaraq görüldüyündən, Onun maddələr kainatındakı ilk nişanəsi nöqtədir. Başlanğıc nöqtə ilə başlayar, şaquli uzanaraq əlif olar. Üfiqi uzananda be olar. Nöqtə əlifdə gizlidir. Lakin bütün sirr be-nin altında gizlidir.

Həllac Mansurun, hərflərdən və rəqəmlərdən məna çıxarma fəlsəfəsi, bu günə qədər gəlib çatmışdır. "Kitab əl TəvaSin"də hərflər ilə rəqəmlərdən gizli mənalara yer vermişdir. Ərəbcə hərflərin formalaşmasında, Allahın gizli mesajlar çatdırdığını vurğulamışdır. Çünkü simvollar, ruhsallıq ilə maddəsəl ortamlar arasında ən yaxşı körpülərdir.

Hər hərf, hər rəqəm ilahi nizamda bir simvoldur. Açıq-aşkar anladılmayan, dolaylı olaraq anladılmalıdır. Bunu çözə bilənlər isə "ağlını" işlədənlər üçün qoyulan "dəlillərdir". Ayələrdə tez-tez təkrarlanan "ağlını işlədənlər üçün dəlillər qoyduq" cümləsi, simvollara işarət etməktədir.

Ərəbcədə hər hərfin bir işarəti və hər işarətin bir mənası vardır. Hər şeydən əvvəl bəzi Quran surə başlarında olan Hüruf-i Müqəddə, yəni bilinməyən sirli kəlimələr ancaq vəhy edən ilə vəhy alan arasında gizli qalmışdır. Hüruf-i Müqəddə kodlama və şifrələrdir.

Rəqəmli ifadələr

Sıfır, nə varlıq, nə də yoxluqdur. İkisi də deyildir. Qədim təlim-öyrətilərdə Tanrı, sıfıra bənzəyən dairə ilə ifadə edilirdi. Heçliyin ifadəsi sıfırdır.

Bir, sıfırdan əks olunan və görünən aləmə vücud verən təkliyin rəmzidir. Heçliyin ayağa qaldırılması və kainatda nəfəs almasıdır. İnsanın ifadəsi Birdir.

İki, bir rəqəminin tərs inikasıdır. Bir və Birin tərs inikası toplananda ikini meydana gətirir. Ziddliyin ifadəsi ikidir.

Üç, ziddliklər arasındakı körpüdür. Baş və sonun, yaxşı və pisin, ağ və qaranın ortasıdır. Var ilə yoxun, yaşam və ölümün, cənnət ilə cəhənnəmin arasıdır. Ərafın ifadəsi Üçdür.

Dörd gücdür, təməldir və sağlamlıqdır. Yaranmanın ifadəsidir. Görünən aləmin gücünü-qüdrətini təmsil edir. Dünyanın ifadəsi dörddür.

Beş, dünyanın rəqəmi dörd ilə insanın rəqəmi olan birin cəmidir. Qısaca, insan dünyanı idarə etdikcə güclənir. Güc və qüdrətin ifadəsi beşdir.

Altı, zaman və məkanda var olan insan yaşamının rəmzidir. Yaşamın ifadəsi altıdır.

Yeddi, insanın orbitində, yay kirişinin qatları, laylarıdır. Yeddi rəqəmi, laylardır. İnsanın layları, dünyanın layları, aləmin layları olaraq sıralanır. Layların ifadəsi yeddidir.

Səkkiz çatılması ümid edilən güllük yeridir. Səkkiz, yeddini ifadə edən laylardan sonra hiss ediləcək ən mükəmməl haldır. Sonsuz səadətin ifadəsi səkkizdir.

Doqquz tamamlanmadan öncə arınma dövrüdür. Bax, bu dövrdə insan artıq Lövh-i Məhfuzun mənasını qavrayar. Arınma asan bir yol deyildir. Tərk mənasını idrak edən və Tərkin də Tərki anlayışına çatanların yoludur. Doqquzda tamlıq və bütünlük vardır. Arınmanın ifadəsi doqquzdur.

On tamamlanmaqdır. Başlanğıç, bir növ qayıtma, sona varma və təkrar yenilənmədir. İnsan öz orbitində, dövrəsini tamamlaya bilmədiyi müddətdə, olğunluğa-kamilliyə çatmayacaqdır. Tamamlanma bir tur dövrəsidir və Adəm kainatının mərkəzinə çatmadır. On həm başlanğıc, həm də sondur. Orada həm hər şey, həm heçlik anlayışı mövcuddur. Ən qudsal olan çevrilmənin, tamamlanmanın, Rəbbə çatmanın, özünün və Rəbbin tanınması halıdır. Tamlıqdır, kamillikdir, heç sonu gəlməyəcək sonsuzluqdakı diriliyin mənzillərindən biridir. Qavrama və dərk etmənin tamamlanmasıdır. Tamamlanmanın ifadəsi ondur.

Dünyanı ifadə edən dörd rəqəmi və tamamlanma sayı olan on rəqəminin hasili ilə əldə edilən nəticə qırx rəqəmidir. Sonsuz mərhələlərdən keçən, qırxlara qarışan, qırxı bütünləyən insan Rəbbə dönər, yəni Adəm olar. Artıq o bir Adəm-i Kainatdır. Kainatın sirrini çözmüşdür. Üzü Rəbbinə dönmüşdür və nuru ürəyi ilə görmüşdür. Mərkəzə çatmışdır. Bunu yaşayanlar, yer üzünə gələn ermişlər, peyğəmbərlər, ululardır. İnsan-i kamilin ifadəsi qırxdır.

Sıfırdan, on rəqəminə qədər olan ədədlərin sonsuz əks etməsinin qərx rəqəmi ilə sonlandırılması Həllac Mənsur tərəfindən mənzillər olaraq izah edilir. Mənzillər mövzusu kitabın əvvəllərində ətraflı şəkildə izah edilmişdir.

Hərflərin gizli dünyası

Kəmər təqib edər Şəmsi, onun işığını əks edər, amma kor etməz. Şəmsə baxan bir daha heç bir işığa meyl etməz.

Şəmsi hərflər: Te, se, dal, zəl, ra, ze, sin, şin, sad, dad, ta, zı, lam, nun.

Qəməri hərflər: Əlif, be, cim, ha, hı, eyn, ğeyn, fe, kaf, kef, mim, he, vav, ye.

Hüruf-i Müqəddə, qısaca kəsik hərflər. Quran-i Kərimdə surələrin əvvllərində olur və bir-bir oxunur.

Müqəddə hərflər: əlif, lam, mim, ha, sad, ra, kaf ,ta, sin, nun, ya, sad, eyn , kef.

Qəməri, şəmsi və müqəddə hərflərin arasından bir neçəsini araşdıraq. Daha ətraflı bilgi almaq istəyənlər, "Batini qapılar, Hüruf / Kövsər Yaşildaş" kitabını oxuya bilərlər.

* **Əlif**

(ı) Əlif, kainatı təmsil edir. Əlifi görə bilmirik, lakin əlif olmadan heç bir şey vücuda gələ bilməz. Əlif hər şeyin təmlidir. Əlif olmadan heç bir varlıq aləmlərdə görünən hala gələ bilməz. Əlif hər varlığın sehridir. Gizil gücü, gizli qüvvəsidir. Əlif olmadan varlıqdan bəhs edilməz. Əlif rezonansdır. Görünməyən enerjidir. Varlıq enerjisidir. Allahın, varlıqlara bəxş etdiyi sonsuz nemətidir. Əl çatmayan nöqtədən çıxan Nur, kainata doğru uzanar və əlif hərfini meydana gətirər. Bu, ucalığın yoxluqdan varlığa doğru etdiyi mistik bir yolçuluqdur.

* **Be**

(ب) Be, insanı təmsil edir. Adəm kainatıdır. Be hərfindəki yay şəkli kainatın özü, altındakı nöqtə isə sirridir. Nöqtə, yer üzünü bəsləyən, dəstək verən rəhmətdir. Nöqtə olmadan be olmaz. Nöqtəsiz bir yer üzü ağla gəlməz. Nöqtə eyni zamanda atomun gücünü, eyni zamanda da ululuğun rəmzidir. Əl çatmayan nöqtədir. Səcdədə alının torpağa dəydiyi yer, be-nin altındakı nöqtədir.

* **Sin**

(س) Sin, yay uzunluqlarıdır. İnsanın içində olduğu halın təmsilidir. Yaradan, yaratdıqlarına birbaşa qarışmaz, hər varlığın iradəsi ən güclü varlıq sahəsidir və İlahi qüdrətin təmsilçisidir. Müdaxilə olsaydı kainat olmazdı, kainat yoxdursa, onda heç bir şeyin varlığından söhbət gedə bilməz. Eyni zamanda sin hərfi va-sitəçiliyin hərfidir. Vasitəçi olan vəhy sisteminin şəkli və simvo-ludur. Hər varlıq, Rəbbi ilə ünsiyyət halındadır. Rəbb insana can damarından yaxındır.

• **Ta**

(ط) Ta hərfi, oturan insan modelidir. Səcdə halından sonra oturub zikr edən, Rəbbini anan insan vəziyyətindədir. Ta və sin bir bütündür. Rəbbini zikr edən insan modeli və yay uzunluq-ları ilə bir bütün halındadır. Yalnız maraqlı olan ta hərfinin sin hərfinə arxasını dönmüş olmasıdır. Bu da bir üzün Rəbbə, bir üzün özünə dönük olması mənasındadır. İnsan varlığı heç bir zaman yalnız deyildir, ancaq iradəsi nisbətində müdaxilə gör-məz. Görünməyən aləmlərdən birbaşa müdaxilə edilməz. İnsan əvvəlcə addım atmalıdır, daha sonra ilahi yardım ala bilər. Buna görə də öncə insan ta, daha sonra Rəbb ilə əlaqəsi olan sin ilə simvollaşdırılmışdır. Öncə insan iradəsi ilə bir addım atar, daha sonra ilahi ona yardım edər.

• **Eyn**

(ع) Eyn, seçilmişlərin, nəbilərin və Rəbblərinə yaxınlaşan-ların yay simvoludur. İki yay uzunluğu ilə şaquli simvolizə edil-mişdir. Sin şaquli təsirləri rəmzləşdirirdi. Ancaq eyn, şaquli təsir-lərlə bəslənən, bəşər səviyyəsindən çıxan bir varlığı rəmzləşdirən hərfdir. İki yay uzunluğudur. Quran-i Kərim, islam Peyğəmbəri hz. Mühəmmədin meracda Rəbbinə, iki yay uzunluğu, ya da daha yaxın məsafədə yaxınlaşdığını vəhy edir.

• **Mim**

(م) Mim qırxdır, sondur, sonun başlanğıcıdır. Sərhədsiz və sonsuz aləmdə, Onun və Adəm kainatında bir sonun olması şübhəlidir. Son varsa yox olma, sərhəd varsa gəlişimin bitməsi və divara dəymə ilə eyni mənanı daşıyır. Buna görə də mim sonsuzluğun simvoludur. Çevrilmə hər daim davam etməkdədir. Tək bir həyatın olmasından söhbət gedə bilməz.

• **Nun**

(ن) Nun hərfi, ilahiliyin simvoludur. Yay uzunluğu yer üzünü, üzərindəki nöqtə isə vəhyin heç sona çatmayacağını ifadə edir. Tanrının əli daima varlıqların üzərindədir. Ünsiyyəti heç sona çatmamışdır. Nun qələmdir, kodlama sistemidir.

• **Vav**

(و) Vav, Yaradıcının dünyəvi ifadəsidir. İlahi iradədir, olmayan, əl çatmayan, gözə görünməyn O-dur. Onun öz varlıq sahəsindən, varlıqların sahəsinə uzanması vavdır. Sevginin və bilginin yayılması vav hərfinə kodlanmışdır.

• **Ha**

(ح) Ha və Hı da insanın nəfəs almasını rəmzləşdirir. Nəfəs, Allahın Adəmə bəxş etdiyi Tanrısal parçacıqdır.

• **Lam**

(ل) Lam, Onun lütfüdür. Varlıqlara lütf verməsidir. Həyat və yaşam lütfdür, iztirab bir lütfdür. "Bəla" bir lütfdür. Lam bunları içinə alır. Rəbbin, hər zərrədəki lütfüdür. Lam, təkbaşınalığı və mübarizəni rəmzləşdirir. Hər insan, yaşam yolçuluğunda yalnızdır. Lam, bu yolçuluqdakı qərarlılığı, əmin olmanı və imanı rəmzləşdirir.

- **Ya**

(ى) Ya, varlığın seçkinliyidir. Adların önünə gəldiğində o ad ilə tamamlanır və o ismə dəyər qatar. Bir ada sahib olan insanın ləyaqətini, üstün səylərini ifadə edər. Ya Sin, ya Musa, ya Rəbb, ya Əli, ya Mühəmməd kəlimələrində olduğu kimi, əvvəlinə gəldiyi adı ucaldır.

Həllac Mənsurdan sonra

O *"Mən mənəm"* dedi. *"Mən varam, başqası yoxdur. Aləmlərin Rəbbiyəm, Yaradıcı Gücəm, Mütləq və Diriyəm."*

Biri qüdrətlə yoğruldu, sonsuz ruhdan yeridildi burnundan, kökə yerləşdi o nöqtəcik, bütün aləmi seyrə daldı. Səcdə etdi bütün kainat və varlıqları ona. Təyin edildi, Birdən iki oldu tayı ilə, sonra çoxluq olaraq yayıldı ərz aləmlərinə.

Sin, nurdan nura körpü oldu bütün Onun nəbilərinə.

Biri Onu dinlədi və ölçü ilə bir gəmi düzəltdi, tənnur ocağı odladı, hər kəs sudakı talaşa ikən, o sükansız və dumansız ilə yola düşdü, cütlərlə birlikdə bütün dünyanı dolandı.

Biri oda atıldı da, od onu yandırmadı. Od qızılgül oldu, odunlar gülüstanlıq, qızılgül baxçasına döndü hər yeri bürüdü qızılgül qoxusu. Onun qüdrəti ilə bəzədildi.

Biri "mənə özünü göstər dedi" bəlkə Ondan gətirərəm sizə bir xəbər. Dağa nurundan zərrə əks etdi, dağ yerlə bir oldu. Yardı Rəbbin qüdrəti ilə dənizi də başdan başa, firon nəfslərə məzar oldu. Rəbb ilə daima danışdı. Kəlamı oldu.

Biri qüdrətlə bəzənmiş "Xızır kimi yetişdi" daima diri idi.

Biri "səsi oldu" ən gözəl ilahilər ilə imana çağırdı.

Biri yalın ayaqla yeridi yolunda, bütün tələbələrinə öndər oldu, "özünü tanı" dedi, ağlın idealı, haqla bütünləşən fəlsəfəsi günümüzə gəlib çatdı.

Biri oğluyam dedi. Ruhu oldu, asılı qaldığı çarmıxda "ata, məni unutdun" dedi qəflətə düşərək. İşıq yandı könlündə bir sevgi axdı ilıq, göylərə qovuşdu, ta ki, gələcəyi zamana qədər.

Mim gördü. Eyn məsafəsində ən yaxınlaşandı. İki yay uzunluğu hətta daha da yaxındı. Elmini axıtdı sonsuzca. Elm oldu.

Biri b-nin altındakı nöqtəyəm dedi. Elm şəhərinin qapısı olan, sonsuz gücü gah qılıncında, qah aslanı olaraq.

Biri şəhid olacağını bilə-bilə, yenə də əl çəkmədi Haqq yolundan, yürüdü Kərbəlaya doğru.

Biri "Sübhanam" dedi, cübbəmin altında Ondan qeyrisi, Ondan başqası yoxdur. Bir daha eşitsəniz kəsin məni qılıncla. Amma qılınc vurdular da onu kəsmədi. "Mənə şükürlər olsun" dedi, amma rahatlıq içində qovuşdu Eşqə.

Biri Haqqam dedi. Dünyada Haq olmadığını isbat etmiş oldu yox edilərək. Həm də qətl edilmənin ən dözülməzini göstərərək. Hər dərdi gülərək qarşıladı da, bir gül yaraladı bağrını, səssizcə "ah" çəkərək.

*Biri sevgidən danışdı, sevgi axdı, sevgi oldu, bütün dünya insanlığına sevgini öyrətdi, dönə-dönə tarazlığı tutdu, qovuşdu toy gecəsində son nəfəsində, vüsala çatdı. "Həllac yaşasaydı, sirləri aşkar etdiyim üçün mən dara çəkiləcəkdim" dedi. (**Mövlana, "Divan-i Kəbir"**)*

Hamısı onlardır. Adlarının nə fərqi vardır, hamısı Haqq yolundaydılar. Elm və irfanı, azadlığı, azad düşüncəni qorudular. Haqq yoluna yol oldular. İşıqları ilə aydınlatdılar yolları.

Həllac Mənsurun Ənə-l Haqq sözü bütün zamanlara və məkanlara vurulan bir möhürdür. Ondan sonra gəlib keçənlərin Ənə-l Haqq sözü, sadəcə sözdən ibarətdir.

Eynşteynin "Hər şeyin əsli enerjidir" sözü, elm dünyasını dərindən silkələdi. Ən etibarlı yol olan elm ilə mistiklərin minlərlə ildən bəri söylədiklərini dəstəkləmiş oldu. Beləliklə, Ənə-l Haqq sözü, elm ilə də ifadəsini tapdı.

Hər şey bir enerjidir və o enerji sonsuz gücə sahibdir. Hər zərrə daima bir-biri ilə əlaqədədir. Bu əlaqə eyndir. Varlıqların bir-birinə baxışı, Rəbbin varlıqlarla əlaqəsi, eyn ilə rəmzlənir.

Rəbb bizə eyn baxışı ilə daima baxar, lakin biz bunu hiss etmərik. Bizə bizdən daha yaxındır. Zənn edirik ki, göylər yarılacaq, oradan gözləri kor edən işıq yayılacaq və o bizimlə danışacaq. Amma o daima danışmaqdadır, bunu sadəcə qulaqları olanlar eşidərlər. Bizə çiçəkdən baxar, quşların nəğməsi ilə çatdırar, yel ilə əsər, qəfildən birinin bir cümləsində üzə çıxar, eyn ilə daima iki yay məsafəsində başımızın üstündədir, biz pərdəlilər görmürük və eşitmirik. O daima diridir. Əsla yalnız qoymaz. Biz yalnız olmağı seçərik. "Yalnızam, amma ayrı deyil, ayrıyam amma qopuq deyil, qopuğam amma işığı daima üzərimdədir".

Möcüzələr gözləyirik, amma möcüzənin biz özümüz olduğunun fərqində belə deyilik. Hər nəfəs alışımız "ha" və "hı" bir möcüzədir. Kainatın nəfəs alışı, qəlb atışı kimi biz də qəlb kimi atırıq və nəfəs alırıq. Möcüzə bizik.

Ənəl Haqq, bu şablon bir sözdür, möhür fikirdir, düşüncənin məğzidir, mənanı yıxan anlayışdır, görünənin arxasındakı görünməyəni təqdim edər. Haqqın çağlar boyunca müxtəlif surətlərdən necə göründüyünü, özünü necə açığa çıxardığının daima ifadəsidir.

Həllac Mənsur, şəhid vəli, şəhid təsəvvüfçü, şəhid şair kimi məşhurlaşmışdır. İnancın rəhbərləri olan və ad qazanmış Şeyxül

Əkbər, Sührəverdi, Abdulqadiri Geylani, Sədrəddini Konəvi, Mövlana Rumi, Yunus Əmrə, Nəsimi, Niyazi Misri, Pir Sultan Abdal, İbrahim Xəlvəti, Fəriduddin Əttar kimi şəxslər Həllac Mənsurun sözlərinə bənzəyən sözlər dilə gətirmişlər. Üstəlik də, Mənsurun fəlsəfəsi, bir çox qərb və şərq alimi tərəfindən da araşdırmalara səbəb olmuşdur və Mənsur haqqında bir çox əsər yazılmışdır.

Öz zamanında həm söylədiyi sözlərə görə və həm də din adına hökmlər verən siyasi kadrlar ilə dil tapa bilmədiyinə görə Həllac Mənsur şəriəti və qanunları tanımama suçu ilə müqəssir bilinmişdir. Göstərdiyi möcüzələr və təbiətüstü hallara görə sehirbazlıq və şarlatanlıq ilə günahlandırılmışdır. Eynilə daha əvvəllər möcüzə göstərənlərin günahlandırıldıqları kimi.

Onu əvvəlcə zindana atırlar. Dildən-dilə söyləmələrdə, eləcə də kitablara yazılanlarda deyilir ki, onu yoxlamaq üçün gələnlər onu zindanda tapmırlar. Sonra Həllac Mənsur deyir ki, "İlk gecə Onun hüzurunda idim." İkinci gecə gəlir görürlər ki, nə zindan var, nə də Həllac Mənsur. Deyir, "İkinci gecə O burada idi, ona görə də siz nə məni, nə də zindanı görə bilmədiniz." Üçüncü gecə gəlir yerində tapırlar Mənsuru. Soruşurlar ki, indi niyə göründün, qaçmadın, olacaqları bilə-bilə yenə də buradasan? "Şəriətin və dinin haqqını yerinə yetirmək üçün buradayam, siz işinizi görün," deyir Həllac Mənsur.

Fəriduddin Əttarın ifadəsində belə deyilir: Həllac Mənsur zindanda ikən əlini bir dəfə şaqqıldatmaqla kilidləri açır və özündən başqa bütün digər məhkumları azad edərək qaçmalarına imkan verir. Və deyir ki, "qaçmaq varkən, dimdik ayaq üstə durub hər şeyə sinə gərmək, olacaqları bilə-bilə burada qalmaq. Haqqın mənə belə bir gileyi və azarı vardır". Bunu eşidən o dövrün idarəçiləri, onun guya fitnə çıxardığını düşünərək sözündən dönənə qədər üç yüz şallaq vurulmasını əmr edirlər. Hər şallaqda o

"Qorxma! Mütləq ki, sən ən üstünsən" ayəsini oxuyur (Quran-i Kərim, Taha surəsi, 68-ci ayə).

İlham əqidəsini ifşa etdiyi, sirləri ortaya çıxardığı, sehirbazlıq, saxtakarlıq və sehir etdiyi, ona verilən uca sirləri xalqa söylədiyi, idarəçilərə asi olduğu üçün günahkar idi.

Deyirlər ki, nə çarmıxa çəkilən İsa idi, nə də dar ağacına çıxan Mənsur idi. Hətta "Mən qudsal ruham, göylərdəki atamdır" deyən də İsa deyildi. "Ənə-l Haqq" deyə bağıran, yeri göyü inlədən də Mənsur deyildi. Onların dili ilə danışan, özünü açığa vuran, görünən edən Kainatın Ruhu idi.

Çünkü hər yerdə olan, daim olan onsuz da hər yerdə və hər zamandadır. Ayrılıq yoxdur, qopma və qopuş yoxdur. Bu gün Kvant fizikasının da ortaya qoyduğu fəlsəfə budur. Hər şey enerjidir və daim bir-birini çox güclü bağlarla tuturlar.

Haq çox dəfə gəldi, ancaq əngəlləndi. Ölümlə əngəllənə bilməzdi, ancaq ləngidilə bilərdi. Haq və həqiqət ilə hərəkət edilmirdi. Yenə yaxın zamandadır gəlməsi, çox yaxın. İnsanların oyanışı, şüurlu olmaq yaxındır. Haqq olan bir həyat, bütün qudsal ayələrin gerçək anlaşılması, gerçək bilinən dəyələrə çatması və bütün ilahi nəbilərin anlatmaq istədiklərinin idrakına varmaq çox yaxında olacaqdır.

Deyirlər ki, zindanda ikən gündə min rəkat namaz qılarmış. Zindan başçısı soruşarmış "Bəs sən Haqqam deyirsən, elə isə kimə qılırsan bu namazları". Həllac Mənsur "Sən anlaya bilməzsən, biz qədrimizi bilirik" deyə cavab verərmiş.

Deyirlər ki, son gün beş yüz rəkat namaz qıla bilmiş, nəsib olmamış davamını qıla bilməmişdir.

Bədən üzvləri kəsilmiş, öncə əlləri-ayaqları. Sonra gözləri oyulmuş, qulaqları kəsilmiş. Burnunu və dilini də qoparmışlar Mənsurun.

Çarmıxda qundaqdakı bir bəbək kimi imiş. Ən yaxın dostu Şibli gəlmiş və gördüyü mənzərə qarşısında mat qalmış, ancaq Həllac Mənsurun ağrı çəkdiyini deyil, gülümsədiyini görmüş. "Mən sənə demədimmi el-aləmin işinə qarışma deyə, bax, nə haldasan."

Onun bədəni yox edildi, ancaq fikri, fəlsəfəsi, imanı, iradəsi, aydın görüşləri və söylədiyi Ənə-l Haqq, əsrlər boyu dillərdən düşmədi və Eşq qədər əbədi oldu.

*"İki rəkat namaz da Allaha atdırar, yetər ki, abdəsti qanla alınsın və Eşq içində qılınsın." **(Həllac Mənsur)***

Onun asıldığı yer bu gün Mənsuriyyə adlanan yerdir.

Həllac Mənsur özünü zəif də olsa, bir işıq qaynağı adlandırır. Yaşamdakı Ölümü tapan Həllac Mənsur, Ölümdəki Yaşamı tapa bilmək üçün yoluna davam etməlidir.

Həllac Mənsurun elmə və fəlsəfəyə töhfələri

"Uşaqlarınızı öz dövrünüzə görə deyil, onların yaşayacağı çağa görə yetişdirin" demişdir hz. Əli.

Hz. Əlinin bu sözü məni olduqca çox düşündürmüşdü. Çünki bilgi ancaq ortaya çıxdığı çağa uyğun ola bilər, öz olduğumuz çağa da uyğun olmalıydı. Biz olduğumuz çağda yaşıyırdıq. Ənə-l Haqq sözü, bu çağın anlayışında düşünülərsə, ona elmi bir söz kimi baxıla bilər. Özəlliklə də, iyirminci əsrə yaxın zamanda kəşf edilən İzafilik nəzəriyyəsi və Kvant fizikası ilə çox ortaq nöqtələri vardır.

Ənə-l Haqqdakı Haqq sözü, görünən kainatın ifadəsidir. Kainatı içində daşıyan insanı təsvir edir. İnsan Haqqın qüdrəti ilə yoğrulmuş və bütün isim, sifətlər onun mahiyyətində mövcuddur. Haqq, mənası görünməyənin əks etdiyi-görünən kainatı təsvir edir. Mütləqin, Kainata damğasını vurması Haqq anlayışı içərisindədir. Ona iman etmək bir Haqdır. Kainatda olduğun nöqtədə, ilahi iradə qanunlarına uyğun və tabe olan şəkildə hərəkət etmək bir Haqdır. Haqq varsa batil yoxdur. Sadəcə, Haqq olana ehtiyac vardır, batil, yəni bundan kənarda hər hansı bir şeyə ehtiyac yoxdur.

İslam Peyğəmbəri hz. Muhəmməd "Məni görən Haqqı görmüşdür" demişdir. Burada mən kəliməsi, tam varlığa işarətdir. Mənin kəlimə mənası, insanı deyil, bütünün ortaya çıxardığı "insan" mənasını daşımaqdadır. Çünki Haqq məna etibarı ilə qüdrət ilə yoğrulmuş və bütün adların və sifətlərin öyrədildiyi insan prototipinin maddə dünyasında görüntüsüdür və bunların bütünü Haqqdır. Haqq vardır, başqa heç bir şey yoxdur. Başqa bir şeydən söz açsaq ancaq bütdən, yəni azdırma planından, pozdurucu və azdırıcı plandan söz açmış olarıq ki, bunun enerjisi, bizim olduğumuz enerjidən çox daha aşağı səviyyədədir.

Haqq sözü, ancaq və ancaq vahid olaraq düşünülərsə sözün mənası yerinə oturur. İki nöqtə arasında görünən məsafə deyildir. Buna görə də bütün hər şey, görünəni və görünməyəni ilə Haqdır.

"Aləm-i Əkbər içimizdədir" sözü, Ənə-l Haqq anlayışını və Kvant fizikasını ortaya qoyan bir anlayışdır. Kvant qanununda "Həm dünyanın içindəsən, həm dünya sənin içindədir" ifadəsi böyük yer tutur. Kvant fəlsəfəsi və elmi bizə "həm də həm" məntiqini təklif edir.

Doç. Dr. Haluk Bərkmen "həm də həm məntiqini bu şəkildə açıqlamaqdadır. "Bu məntiqə görə zidd anlayışlar təməldən yoxdur və bu ziddliklər bizim beynimizin məhsuludur. Zidd anlayışlar bir zənn olsalar, qaçınılmaz olaraq vəhdət, yəni təklik anlayışını qəbul etmək vəziyyətində qalacağıq. İnsanlıq hələ o nöqtəyə çatmış olmasa da oraya doğru yaxınlaşmaqda olduğunu deyə bilərik."

Gördüyümüz hər şey əslində bir aldanmadır. Çünki biz parçanı görürük. Parça bütünü nə qədər əks etsə də, aldadıcı və zahiridir. Bütünü görə bilmədiyimiz üçün də sadəcə xırdalıqlarla, zehnimizdə yaratdığımız bir dünya və kainat təsviri yaradırıq. Amma bütünü görənlərin söylədikləri o inanılmaz sözləri isə yanlış anlayırıq. Ənə-l Haqq sözü zidd anlayışların bütünü ilə baxılmış və vahid bir anlayışın ifadəsidir. Parçanın deyil. Lakin Ənə-l Haqq sözü, parça olaraq qavranılmış, Həllac Mənsurun Tanrı olduğu düşünülmüş və yox edilmək istənmişdir. Ortadan götürülən, sadəcə, parçadır. Yəni, Həllac Mənsurun fiziki bədəni. Ancaq ortadan yox olan bir şey də yoxdur. Görünənlər və görünməyənlər hamısı bir bütündür, heç bir şey yox olmadığı kimi heç bir şey yoxdan da meydana gəlməz. Yoxdan var edən, sadəcə, Mütləqdir və digər yaratma əməlləri də onun varlığına aiddir.

Həqiqət təkdir, fəqət əks etməsi sonsuzdur. Baxış bucağında hansı "əks etmə" varsa, içində olduğun da həmin (gerçəkliyin də) o "həqiqətdir".

"Zaman məvhumu" burada ortaya çıxır. O həqiqətdə hansı vaxta qədər qaldığın, ya da görüş bucağındakı əks etmədə nə qədər seyrə daldığın, sənin zamanındır. Zaman təkdir, amma insanın realitesinə görə dəyişkənlik göstərir. Heç yox olmayan, daima var olan, çoxalmayan və artmayan mənası, Kvant kainatını təsvir edən bir anlayışdır.

Kvantın kəşfi, bir atomun digər atomlardan qopmadığını, çox güclü enerji forması ilə bağlı olduğunu, heç birinin bir digərinə toxunmadığını, arada məsafə olduğunu və bu məsafənin daima əsir maddəsi ilə qorunduğunu ortaya qoymuşdur.

Kvant dünyasında bir qopuş, bir ayrılışdan söhbət gedə bilməz. Hər şeyin özü-mahiyyəti atom və atom hissəcikləridir, fəqət zahirdə müxtəlif ve fərqliliklər gözə görünür. Bu fərqli və müxtəlif görüntülər atomun özəlliyini pozmur.

Kvant dünyasında ayrılış, ayrılmaq qopmaq imkansızdır. Bir atomu parçalarından ayırsanız belə, atomun nüvəsinə edilən bir müdaxilə, digər parçalarının da eyni müdaxiləyə uğradığını isbat etmişdir. Bu da hər parçanın bütündən ayrı olmadığını, qopmadığını, görünməz bağlarla ən yüksək səviyyədə enerjilərlə bağlı olduğunu sübut etmişdir. Eyni ifadə spiritualizmin əsasını təşkil edən "bənzər bənzəri çəkər" "parça nə isə bütün də odur" ifadəsi ilə üst-üstə düşür. Və mistiklərin min illər əvvəl söylədiyi "hər şeyin əsli xəyaldır" sözü ilə eyni məna daşıyır. Hələ nə elektron mikroskopu, nə də Kvant kəşf edilməmişdən əvvəl islam alimi İmam Rəbbani "Maddənin içi dolu göründüyü halda, əslində boşdur" fikrini (İmam Rəbbani, 1563-1624) deyə bilmişdir.

Hissəciklər nəzəriyyəsini dünyada ilk olaraq dilə gətirən islam alimi Nazzam isə "Maddə, sonsuz adlanacaq ölçüdə parçalana bilər" demişdir. (Nazzam 792-845)

Atom altı dünyasında, kuark və leptonlar, qüvvət daşıyıcı parçacıqlar vasitəsi ilə qarşılıqlı təsirdə olarlar və görünən maddənin bütününə vücud verirlər.

Maddə molekullardan, molekullar atomlardan meydana gəlir. Atomları əmələ gətirən də elektron və nüvədir. Atomun adını aldığı Demokritin "bölünməz" dediyi atomlar da "bölünə bilən" nüvə və elektronlardan əmələ gəlməkdədir.

Kvant elminin ortaya qoyduğu maddənin 99%-nin boş olması, bu boşluğun da əsir maddəsi ilə əhatəli olduğu gerçəyi, "Heç bir şey Rəbbindən gizli və uzaq ola bilməz" Quran-i Kərim, Yunus surəsi, 61-ci ayəsində vəhy edilmişdir. Bu boşluq, boş yerə var olmamadadır. Bu boşluq ilahi sevgidir. Boşluqlar ilahi sevgi ilə örtülüdür və atom altı dünyası, xəbərləşmənin an zamanda edildiyi bir mühitdir.

Əslində, hər şey söylənmişdir. Ancaq parçaların "birləşdirilməsi gərəkən" bir zaman gəlmişdir. O zaman, bu zamandır.

Parçaların birləşmə hərəkətini elmdə görürük. Kvantın kəşfi, bizə yeniliklərdən və isbatlardan xəbər verir.

Kvant kainatında, uzaqlıqlar və məsafələr çox önəmli yer tutur. Uzaqlıq və məsafə, sadəcə görmədədir, lakin bir qalaktikada olan hər şey o anda bütün kainatın hər zərrəsində hiss edilir. Bir planetdə dəyişmə olduğunda, bu bütün kainatdakı varlıqlara çatır. Dəyişkənlik hər zərrəyə nüfuz edir. Zərrə nədirsə küll də odur. Yəni, zərrə ilə küll arasında görünən məsafə, fərqlilik və çeşitlilik sadəcə anlayışlara uyğunluq baxımındandır. Qalınlıq və titrəşim baxımındadır. Biz şüurumuzun və beynimizin bizə titrəşimimiz ölçüsündə göstərdiyi kainatı görməkdəyik. Ayrı, qopmuş, gözəl, çirkin, böyük, kiçik, ağ, qara, aydınlıq və qaranlıq sifətlərilə ad qoyduğumuz bir kainat görməkdəyik.Əslində, beynimizin titrəşim tezlikləri daha fərqli titrəşsəydi daha fərqli şeyləri görə bilərdik.

Okultistlər, parapsixoloqlar, metafizik və metapsixologiya ilə məşğul olanlar heç bir şeyin heç bir zaman yox olmadığını bilirlər. Hər hansı bir zamanda mövcud olmuş, ya da meydana gəlmiş olan hər bir səhnə hərəkət, düşüncə və şeyin, heç dəyişmədən "yüksək bir maddə planında" qorunduğuna inanırlar. Bu akaşik qeydləri astral aləm əks edir və zaman duru-görməsini inkişaf etdirmiş olan və bu keçmiş, ya da gələcək olaylara eynilə bizim televiziyaya tamaşa etdiyimiz kimi baxa bilən, yüksək səviyyədə ağıllı varlıqlar üçün əlçatandır.

Kvant fəlsəfəsində parça-bütün əlaqəsi mövcuddur. Parça bütünün məlumatını daşıyır. Parçanın başına gələn bütünün də başına gəlir. İkisi ayrılmaz bir bütündür. Çünki hər şey enerjidir. Bir atom kainatdakı bütün atomlarla 'an' zaman içərisində enerji və bilgi alış-verişi edir. Hər şey hər şeylə qarşılıqlı təsirdədir. Bir atomun bildiyini, digər bütün atomlar bilir və biz insanlar da daxil olmaqla bütün kainat atomlardan ibarətdir. Ən kiçik element atomdur. Və bütün atomların yaşı, kainatın ilk ortaya çıxış tarixi ilə eynidir. Elm adamlarının aşkar etdikləri bilgi də budur. Kainat yarandığından bəri tək bir atom belə yox olmadı, tək bir atom belə çoxalmadı, nə varsa odur. Safdır. Əksilmə və çoxalma yoxdur. Belə bir şey olsaydı tarazlıq və nizam pozulardı. Bu bilgilərə baxılarsa, kainatda heç bir şey yox olmur. Heç bir şey yox olmur və ölmür. Bütün batini ekollara baxsanız, görərsiniz ki, hamısında ölüm sonrası həyat inanışı mövcuddur. Torpağa və təbiətə ehtiram inanılmaz ölçüdədir. Çünki bilir ki, dünyaya etdiyini eyni zamanda onun özünə də etməkdədir. Və kainatın ən ucqar yerində olan bir planetə də etmiş olur.

Kvant fəlsəfəsində heç bir şey yox olmaz, sadəcə çevrilər. Çünki hər şeyin əsli enerjidir. Enerji yox olmaz, çoxalmaz, vardır və daim öz sahəsini qoruyar. Beynimizdə yaranan bütün düşüncələr kainatda enerji mühitində qarşılıqlı təsirdə olur və yox olmur. Biz yaşadığımız hər halı, DNT-yə ötürürük və DNT-da bilgisi yazılı qalır. Və öldükdən sonra torpağa qarışan bədəndəki DNT, yaşananların izlərini torpağa qeyd edir. Və o torpaqdan bəslənirik eyni zamanda da. Və təkrar yaşayanlara geri dönür yazılı bilgilər. Qarşılıqlı təsir və mistik təkrar edilmələr bu şəkildə davam edir. Ardıcıl dövr edən, çevrilən, əsla yox olmayan, bilginin davamlı yazılma halında olduğu bir kainatda yaşayırıq.

"Hamımız ulduzların külündən yaradıldıq. Gözəlliyimiz, sahib olduğumuz atomlardan deyil, onların bir araya gəlmə şəklindəndir."
(Karl Saqan)

Hər şeyin cövhəri eynidir. Atomdandır. Amma bir yerə toplanma şəkli fərqlidir. Birlik, eynilik deyil, çeşidlilik-müxtəliflikdir.

Hər kəsə görə hər şey dəyişir, hər kəsin şüuru və anlayışı fərqlidir. Bu fərqlilikdən bütünlük doğar.

Əslində, olmaqda olanların bütünü Təkdir. Fəqət iki qütblüdür. Cazibə gücləri bərabər olan bu iki qütbün enerjisinə könlümüz necə meyl edərsə, biz də bəlli bir zaman içərisində o enerjiylə bəslənərik. Bu, bəlli bir zaman içərisində meydana gəlir. Çünki heç kim o iki qütbə bağlı qalıb sonsuza qədər bəslənə bilməz. Cazibə gücü olan qütblərin, eyni nisbətdə itirmə gücündən, digər qütbə gediş, sonra ehtiyac nisbətində təkrar dönüşlər meydana gəlir. Təkamülün əsas qayəsi də bu deyildirmi?

Qütblərdən məqsəd, pozitiv və neqativ qütblərdir. Xeyrin də, şərin də Ondan olması məsələsi. İkisi bir bütündür və bütünün iki fərqli qütbüdür. Biri öyrədir inkişaf etdirir, digəri bəsləyir. Bəsləyərkən öyrədir, öyrədərkən inkişaf etdirir və hər bir halda bəsləyir.

Xatırla xəbərdarlığı, Quran ayələrində təkrarlanan bir kəlimədir. Bu bir ayıqlığı da öz bərabərində gətirir. Mövcud olan bilginin təkrar aşkara çıxması, beyindəki mərkəzlərin çalışan hala gəlməsidir. Kvant kainatında, hər şeyin hər şeylə qarşılıqlı təsirdə olduğu, kainatın bir zərrəsində meydana gələn bir dəyişikliyin, an saniyəsində bütün kainatda bilindiyi, yayıldığı və bütün zərrələrin atomların an- saniyədə bir-biriylə xəbərləşmələrinin doğrulanmasıdır. Kvant kainatında, hər şey bilinən olmaqdadır. Bu da insan olsun, planet olsun, daş, ya da ulduz olsun heç fərqi yoxdur, hər şeyin özündə-mahiyyətində bilinən bir gerçək vardır və o daima xatırlanmaqdadır. Fəqət, sadəcə insan unutmuşdur. O çağrılmalıdır. Xatırlamaq çağırışı.

Dinlər, insanları yaşadıqları zamanda getmələri gərəkən doğru yolu göstərmək üçün gəlmişdir. Doğru yol nədir?

Doğru yol deyə bəhs edilən, Ona olan yolçuluqdur. Bu yolçuluq, ruh bədəni hələ tərk etmədən baş verməlidir. Əgər bu yola girsəniz hələ ruhunuz bədəninizdəykən Haqqa, yəni Eşqə vararsınız. Qısaca, əmanət olaraq üfürülən ruhun, təkrar əslinə

qayıtmasıdır. Bu ancaq bədənliykən olmalıdır. Vəd edilən cəhən-
nəm oduna girərək, yəni arınaraq deyil. Çünki dünya həyatında
insana bəlli bir müddət tanınmışdır. Bəlli xəbərdarlıqlarla, bu
vaxt içində xatırlanmayan əmanət, odla arındırılaraq edilir. Oda
girmədən, yəni arınmadan, ruhun bədən içindəykən, yəni mad-
də formasının ən qaba titrəşimindəykən xatırlanması istənir.

Yaşam bizə verilən ən möcüzəvi andır. Bu möcüzəvi toxunu-
şun qiymətini bilməliyik. Ölüm qapısından keçənə qədər, yaşam
bizə təklif edilən ən gözəl seçənəklər bütünüdür. Yaşam, kainat-
dakı ən böyük mühitdir.

Kainatda, bir çox yaşam platformaları (zəminləri) mövcud-
dur. Hər biri, ruh və maddənin alış-verişinin ortaq kombinasi-
yasıdır. Hər birində seçənəklər sonsuzdur. Xatırlama isə, inkişaf
və yetişkinliyə bağlıdır. Maddənin çəkim enerjisi elə qüvvətlidir
ki, sonsuz gücə sahib olan ruhun qonaqlığını edərkən, ona təsəv-
vür edilməyəcək qədər bir unutmaq da təqdim edər. Ruh, maddə
ilə alış-verişdə ikən, nə olduğunu unudur. Çünki maddənin çox
böyük baş gicəlləndirən bir enerjisi vardır. Ağlını qarışdırır, xə-
yala daldırır, xəyal qurdurur və zəmin hazırlayır. Maddə ortamı,
maddə atomu, öz bütünlüyü içində böyük enerjisi ilə, müxtəlif
oyunlar tərtib edər, yaşamda qazanılacaq təcrübələrin seçimlə-
rini təqdim edir. Bu seçimlərdə ruh, mahiyyətindəki-özündəki
bilgini, işığı əks etdirməyə çalışır. Fəqət maddənin enerjisindən
təsirlənir və bu alış-veriş hər zaman belə davam edir: Ruh öz
cövhərini- özünü, maddə işbirliyindəykən unudur. Unutmalıdır
ki, yaşam layiqiylə yaşana bilməlidir. Qanunlar belə işləyir. Ruh
ancaq, maddə işbirliğindən qopduğunda, ölüm anı gerçəkləşdi-
yində, özünün nə olduğunu anlaya bilər və dövrəni tamamlamaq
üçün sonsuz seçənəkləri dəyərləndirər.

Maddə və ruh ayrılamaz bir ikilidir. Bir-birilərinə paraleldir. İkisi də ucadır və ikisi də sonsuzdur. Bir üstünlük və bir öndərlik yoxdur. İkisi də hər şəkildə bərabərdir.

Yer üzündə neçə milyard insan varsa, hər bir ürək üçün bir anlayış, bir fikir, bir gözlənti və bir sual olacaqdır. Fəqət ortaq Nöqtə və ortaq qədər dəyişməyəcəkdir. Arayış kainat var olduqca sonsuza qədər qurtarmayacaqdır. Bu müxtəlifliyin, fərqliliyin, təzadın, çoxluğun, rəngliliyin, ən mənalı tərəfi də bütünü yaratmasıdır. Vahidlik anlayışı, hər var olana ehtiram duymaqdır. Yoxsa, hər şeyin eynisi, bənzəri, tam mənada eynisi olması gözlənə bilməz.

"O bütün kainatı və canlıları yaratdı, öz varlığıyla bağlı ipucları-nişanələr qoydu. Axtarıb tapaq, səy göstərək istədi."

Mən, Yaradanın sirr olaraq qalmasının tərəfdarıyam. Çünki O, O-dur. Mütləqdir. Tapılmayan Nöqtədir. Varlığı ilə bağlı ipuçları, kainatın qüsursuzluğunda, pozulmayan nizamında, nizamsızlığın belə möhtəşəmliyində bizim üçün yetərli olmalıdır. Yoxsa, toxunduğumuz, bildiyimiz, gördüyümüz bir Tanrı, ancaq büt olardı. İnancımız bütləşməkdən o yana getməzdi. O, Odur və əlçatmayan Nöqtə olaraq İnsan könlündə qalmalıdır.

Kainatın elementi insan, insanın elementi atom, atomun elementi kvantlar və daha da kiçik ölçülərə varıldığında takyonların universal quruluşçu gücü anlaşıldığında, bəlkə bir az daha Həqiqətə yaxınlaşmış olacağıq. Görünən və görünməyən arasında axtarışlarımız daima davam edəcəkdir. Gerçəyi tapana, gerçək bizə verilənə, ya da gerçəyi xatırlayana qədər. Bəlkə gerçək çox bəsitdir, ya da deyildir. Önəmli olan tək şey hamının öz gerçəyi ilə qarşılaşması və xatırlamasıdır.

Bütün axtaşlarımız içərisində anlamlı olan tək şey Bizik. Bizim sevgimiz, bizim eşqimiz. Bizi bir yerdə tutan sevgi enerjisi, atomları bir yerdə tutan sevgi enerjisi, planetləri bir arada tutan sevgi enerjisidir.

Sevgililər olaraq, bütün kainatı mənalı edən bizim Sevgimiz və Eşqimizdir. Arayışa olan eşqimiz, Allaha olan eşqimiz, bilinməzliyə olan eşqimiz, bilgiyə olan eşqimizdir. Sonsuz boşluğu bir az olsun mənalı edən bizlərik. Önəmsiz olsa, amma bir o qədər dəyərli KA'yıblarıq.

Şeirlər və ilhamlar

Kitabın bu son bölümünü, "Ənə-l haqq" kitabını yazarkən Həllac Mənsur eşqinə hiss etdiyim duyğulara ayırdım. Bu duyğuları da, şeirvari bir dil ilə yazdım. Qəbul edərsiniz ki, O böyük sufini anlamaq və anlatmaq çox çətindir. Qəbul edirəm. Amma yenə də izah edilməyən bu duyğuları bir-bir qələmə aldım və bu başlıq altında topladım. Hər biri mənim ürəyimdən Həllac Mənsurun ruhuna yazılmışdır. Hər bir sətir Mənsurun öz zaman dilimindən və olduğu məkandan axaraq ruhumu dolduran Eşqinə həsr olunmuşdur.

O, göy üzündən baxan bir göz deyildir, O sənin gözündən eyn baxışıdır. Sənin gözündən görəndir. O hər zərrədən baxar, ayr-ayrı zamanlarda və zamanı bəlli olmayan bir anda. Qəflətən görünər və baxar. Çünki hər zərrə onsuz da O-na aiddir. Ardıcıllığı təmin etmək üçün qırx mənzili də keçmiş olmalısan. Tamamlandığında, bütünləndiyində, Onun əli-ayağı olarsan, Onun baxışı sənin, sənin baxışın Onun baxışı olar. Bu tam bir iman halı, tam təslimiyyət halıdır. Təmiz, duru, dübbədüz baxış ilə çatdırdığın Onun baxışı ilə bir olur. Hər kəsə nəsib olmaz, olan isə Onun əsl dostudur. O ancaq əsl dostları ilə baxar, görər və nurunu ötürər. Ruhsal iyerarxiya, Haqqın nizamı yayınmaz, daima tənzim edilmiş və dübbədüzdür, doğruluq daşıyır öz içimdə, tərtəmiz və sapmaz bir nizam içindədir. Burada bütün gözlər tək bir göz, baxışlar tək bir baxış olduğu anda, dünya Haqq nizamına qovuşmuş olacaqdır. Həqiqət, bax, o zaman üzə çıxacaq və qidalanma ilahi plandan olacaqdır. Kvant sıçrama deyilən bu sıçrama, azma planından ilahi plana doğru olacaqdır.

İnsanlıq tək və bütün olaraq bunu edə biləcək qüdrətdədir. Haqq nizamının gəlip, dayandırıldığı zamanlardan, yeni çağın təkrar Haqq nizamına qovuşacağı zamanlar yaxındır. O zaman bu zamandır. Gerçək sevginin dünya üçün Haqq olan nuru axacaq və yeni dünya nizamı sevgi planı çərçivəsində həqiqət işığı altında yenidən aydınlanacaqdır.

Canımın tək sahibi
Eşqimin tək sahibi
Qəlbimin tək sahibi
Gözlərim səndən başqasını görməz
Sadəcə səni qoxlar ürəyim
Səninləykən cənnətəm
Sənsiz, harda olduğum bilinməz.
Qeyb olmuşam ucsuz bucaqsız ümmanda
Qanadsız, qolsuz və ayaqsız.
Minlərlə doğru, tək doğru sənsən,
Hər yerdəsən, gerisi yox
Uzaqlar yox.
Ucsuz bucaqsız dağların
Sonsuz səmaların
Bilinməzlikdə bir Nur
Nurların Nuru
Qovuşmaq olsa sənə

Səndən olmasam
Necə dönərəm Sənə
Susuzluğun o üzündə
Rənglərin gerisində
Bilinənlərin bilinməsində,
Aşiqlərin könüllərində
Sirlərin sirrində
Nöqtələrin nöqtəsində
Seçilmişlərin sözlərində
Yaradılmışların özündə
Toxunuşların şüurunda
İşıqların sahibliyində
Uldızların sonsuzluğunda
Sən varsın, başqası yoxdur.

"O, mənim içimdə özünü tanıdı. O mən olaraq, bədənimin və ruhumun içində özünü tapdı və tanıdı. Ruhum və bədənim mərhələləri keçdi və pərdələr açıldı, O mən olaraq mənim içimdə təzahür etdi. O mənəm və mən də O demək tamamən yanılmadır. Gerçək küfrdür. Heç bir zaman O, mən, mən də O ola bilmərik. O və yaradılanlar eyni deyildir, sadəcə O, mənim içimdə özünü tanıyır, özünü açığa vurur. Özünü açığa vurandır. Ancaq mən açanları kəşf etdikcə, O məndə özünü tanıyır və hər kəşfdən sonra O məndə özünü açığa vurur."

Pərdələri açdın oldumu?
O ucalıq, quru bədən içində oldumu?
Bunumu bilmək, yoxsa içindəykən çölümü bilmək?
Çöldən içərinimi anlamaq?
Sonsuz axınlı dəryadakı bir damla suyun,
Hansı sonsuzluqdakı nöqtəsini anlamalı?
O damla hardadır, dərya harada?
Əvvəlmi, sonmu? Yoxsa, təkmi olduğunu?
Çözülüb yüksələrkən göyə,

Nə zaman axacaq bir yağmur olacaq da qovuşacaq yenidən
O möhtəşəm bədəninə.
Nə zaman anlayacaq,
Dərya da O, yağmur da O, damla da Odur.
Daha nə qəqər davam edəcək bu aləm-i dövrə.

"Əgər özünü boşluqda, yalnız və çarəsiz, hətta unudulmuş hiss etsən, burda itirən sənsən.çünki insan olmağın özəlliyi, insan olaraq nələr edə biləcəyinin mübarizəsidir. Çətinlik və asanlıq yan-yana gedir, arxa-arxaya deyil. Çətinlik içindəsənsə asanlıq səninlədir. Asanlıq içindəsənsə çətinlik də səninlədir. Cəsarət, yardım dilənmək deyil, nələr edə biləcəyini göstərmə cəhdidir.

Niyə bədbəxtdir insan? Nəyi harada axtardığı önəmlidir. İstəmək çarə deyildir, çünkü azadlıq mənimlə, xoşbəxtlik mənimlə, rahatlıq mənimlə, sonsuzluq mənimlə, yaradan mənimlədir. Bədbəxt insan bunları görə bilməyəndir, fərq edə bilməyəndir. Yeni zaman, bütün sahib olunanların açılma zamanıdır. Aça bilmədiyin üçün görə bilməzsən, pərdələri aralamadığın üçün görə bilməzsən, görə bilmədiyin üçün də inkar edərsən. Açanları bir-bir kəşf etdikcə pərdələr açılar və O özünü açığa vurar."

Parlayıb Qaynağa geri dönən Nur
Nurdan Nura axışdır ifşası,
Göründü bizim kimi bədənli, yoldaşdı,
İnsandır, bizdəndir,
Ancaq Nur qaynağından əks edən bir parlama idi.
Bir parladı və öz qaynağına geri döndü.
Nurun nuruydu, bilgisi Ondandı, yoldaşdı,
Sapmadı, yalan danışmadı, könlü gördüyü şeyi yalanlamadı.
Nurdan nura keçdi ifşası,
Oxudu açıldı, özünü açığa vuran ilə
Mimdi ləqəbi, sondu nəbilərdən
Onun Nuru, Onun vasitəsiylə axdı ərzə

Göylər kimi yer də Nurla doldu.

"Bütün mərhələləri keçdim ve ruhumun pərdələri bir-bir yırtıldı, O məndə özünü açığa vurdu. O özünü məndə tanıdı. O və mən bütün idik, bir bədəndə iki ruh kimiydik, lakin şərabın saf su ilə qarışması kimiydi. O və mən bir idik, amma eyni deyildik, bir-birinə qarışmışdıq. O özünü məndə tanıdı, mən də özümü Onda. Məni görən Onu da görmüş olar, Onu görən ikimizi birdən görmüş olacaqdır. Mənə baxan gözlərin, gözlərimdən Onu görəcəkdir. Səsimi duyan qulaqların, Onun səsini də eşidəcəkdir. Bədən ən böyük pərdə deyilmi məni Ondan ayıran. Ayrı qoyan, ayrı imiş kimi görünən.Bədəndir araya girən, pərdədir. Ancaq arada məsafələrdir, qaranlıq kimi görünən."

Çıxılmaz doğruluq dairəsindən müdafiəsiz,
Ərşi didər yaxıb-yandırıb külə döndərər.
Hələ çıxmadan yan qovrul kül ol ki,
Heç bir şey səni yandırammasın, qovurammasın, heç bir şey
sənə toxunammasın.
Ərşın hər nöqtəsinə varmaq üçün qorunmasız
Yan ki, qovrul ki, ölmədən öləsən
Tövhidi bil ki, canın da şad olsun, ürəyin də.

"O mənə sirrini açıqladı, mənim kim olduğumu açıqladı. Bu dünyada bir damla ikən, o biri dünyada dərya olacağam, dərya ikən Onun ümmanında bir damla olacağam. Zamanların bir ləhzəsi, məkanların bir arşını, Onun ümmanında bir damla olacağam. Bal dedim ağzım balmı oldu, hər çiçəkdən balmı oldu, hər ağacdan balmı axdı. Hər quyudan zəmzəm suyu olar, hər ağacdan balmı axar, hər çiçəyə arımı qonar, hər su şirinmi olar, hər arxın suyu soyuqdurmu, hər bahar eyni ağacda çiçəkmi açar. Mən çiçəyəm deməklə, arı bal olsun deyə hansı yarpağına qonar.

Mən Haqqam deməklə Haqmı olunar. Mən mənlikdən keçərəm ki, gerçək mənimə qovuşum. Xarab oldum, ölmədən öldüm, dirildim Haqq əhlinə qovuşdum. Müridlikdən, şeyxlikdən, ululuqdan, ucalıqdan əl çəkdim. Nə kasıblıqdaydı gözüm, nə pulda, nə şöhrətdə.Bir baş istədilər verdim, məndən sonralara salam olsun. Söz acıdır, ağızdan çıxar, baş kəsər, söz acıdır, ağızdan çıxar, daşı kəsər. Söz şirindir, Ənəi oxşayar, zəngin edər, sərxoş edər. Söz acıdır xarab edər, Eşq edər, Eşq eylər. Hamısı ənə-dir, hamısı ənə-ni bəsələyər."

Əsil qaynaqdan içdim doya-doya.
Nurum qaynaşdı Gerçəyin Nuruyla.
Qanım bütünləşdi Gerçəyin qanıyla
Ruhum bütünləşdi Gerçəyin ruhuyla
Onadır həsrətim, Onadır niyyətim
Dönüşüm daim Onadır, diridir diri olandır
Ölümümdədir yaşamım,
Yaşamımdadır ölümüm, ölmədən öldüm dirildim.
Əsl qaynaqdan içdim doydum
Neyləyim dünya malını, istəyən alsın doya-doya
Bədən qəfəsindən can bülbülüm uçsun
Uçsun qanadlarını qırsın, qanadsız qovuşsun.
Can-i canan bülbülüm, uç qanadsız qovuş Haqqa.
Odur gerçək həqiqət, gerçəyin əsl qaynağı
Nurun nuru, ucanın ucası, Odur mütləq
Bütün dönüşlər Onadır
Dardan çıxdım yola
Boylanmadım sağa-sola
Çevirmədim başımı
Doğruluq geyimi ruhum huzura çatdı
Əsl qaynağına geri döndü.

"Mən Ənəlikdən əl çəkdim, Ənəl Haqq dedim, məni Ona qovuşduranlara salam ola.

Nə sağımda mələk, nə solumda şeytan, heç birinə uymadım, dinləmədim, mən Haqqı istədim, Ona qovuşmaqdı niyyətim, bir baş istədilər verdim, məni qovuşduranlara salam ola.

Nə dava, nə kəramət, nə ululuq, nə şan, nə şöhrət, nə cürdək, nə səccadə, nə təsbeh, bir tək istədiyim Haqqa qovuşmaqdır. Məndə təzahür edən, mənim ruhumda, bədənimdə özünü açığa vurana qovuşmaqdır, bədənimin pərdələrini yırtmaq, ruhumun pərdələrini açmaq, Haqqa qovuşmaqdır, məni qovuşduranlara salam ola.

Ondaykən ayrı düşməyin əzabını, bədənin yoxsulluğunda, özünü açığa vuranın genişliyində, ruhumun pərdələrini bir-bir parçalayaraq, bədən qəfəsindən ayrılmaq, könül bülbülümün gülün qoxusundan sərxoş olub xarab olan qanadlarını qırmaq, qanadsız Eşqə uçmaq. Uçuranlara salam ola.

Artıq nə qanada ehtiyacım var, nə də başa. Mənim Eşqim qanadsız uçan qartal ikən, nə gül qalır, nə də qoxusu. Ona qovuşmaq üçün heç bir əngəl qalmaz ikən, tək bildiyim Onun ümmanında bir damla olmaq, bütün damlalara salam ola.

Surəti keç, könülə bax. Könülə girən, dibsiz quyuya dalan kimidir. Qaranlıqdır, amma sonu aydınlıqdır, fərəhdir. Acılarla dolu yolçuluğun huzura qovuşduğu andır, inciyə qovuşan üçün nə qədər hikmətlər mövcuddur. Nə qədər incilər vardır, Ona aparan nə qədər yollar və qaranlıq quyular. Qaranlıq sənin gözlərindədir. Könül gözünün qaranlığının quyuya əks etməsidir. Könül bir dəfə aydınlandımı, ən qaranlıq dibsiz quyuya şəms olar. Öz işığını bir dəfə yandıran bir daha işığa ehtiyac duymaz. Yolunu özü tapar. Hər yol olar, hər insanın yolu ayrıdır. Hər könül quyusunda tapılan inci, tapan insana aiddir. Ona məxsusdur. Mən haqqam deməklə incimi tapdım. Mən haqqam deməklə başı verdim. Mən haqqam deməklə haqq oldum, haqqa vasil oldum. Vüslat oldum, dünyadan keçdim, parladım geri döndüm.

Qırıldı könlüm, xarab oldu. Nə varsa məndə var. Nə varsa qırıq könlümdə var, Onu görmək istəyən qırıq qəlbimə baxsın, O qırıq könüllərdə var. Yol açanlara salam ola.

Haqq aşiqiyəm könlüm xarab, gəzirəm ayaqlarım ərşdə, başım Hu-da. Gəzər könlüm bülbül olar tən qəfəsində oxuyar, Eşq-Eşq deyə, bülbülümün qanadları qırılmış ötər Ənə-l Haqq deyə.

Dünyanı neyləyim, neyləyim cənnəti, neyləyim hurini, əsil bulağı istərəm doya-doya içəm, o bulaqda damla olmaq, axmaq dəlicəsinə. Sonsuzluğun ən sonsuzluğu, zamansızlığın zamansızlığı, ucalar ucası, şanı böyük O, əsl bulaq nurların nuru, gerçək qaynaq, sənə qovuşmaqdır tək istəyim, sənin əks etməyindədir bütün gerçəyim, əks etməyini gördüm, gülün qoxusunu aldım, çağırmasını eşitdim, sən könlümə pıçıldadın, Can damarımdan yaxın olanım, tən qəfəsimdə özünü açığa vuranım, sən ki, sənə qovuşmaqdır bütün arzum. Bir baş istədilər verdim, Haqqadır vuslatım.

Eşq-eşq deyərəm, ərimək istərəm, iki deyil bir olmaqdır dərdim, xarab olmuş ürəyim, qırılmış qanadlarım, uçaram ənginlərə, gözlərim kor, qulaqlarım kar, yolum sadəcə Eşqədir, Ənəl Haqqdır sözüm, başqa söz bilmərəm, kəlamım dərd olub nə zamandır, alıb başımı verərəm, vüsala qovuşduranlara salam ola.

Əlimi bağladılar, ayaqlarımı da
Amma bilmirlər ki
Mən yenə dolanmaqdayam
Aləm-aləm, ərşi
Dolaşmağı bilənlər üçün
Çox yollar vardır göylərdə
Görməyi bilənlərə
Çox gözlər bəxş olunmuşdur

Gözlərimi aldılar məndən

Gördüm yenə əfəndimi
Nə vaxt qovuşaram sənə
Gözlərəm hər gün
Sayaram hər anı
Susadım da gileyliyəm nəfsimə
Yenə qalib gəldi mənə
Ah ah bir damla su ilə qovuşsam sənə
Uzatsalar da içəmmədim
Sənin suyun daha diri,
Bulaqların sərindir.

Eşq məndə nə zamandır
Sahibi nə ucadır
Səslənir də içəridən
Kimsə duyammaz
Kimsə görəmməz
Zindandayam qara zindanlarda
Dəmir qəfəsələrin ən arxasında
Cəhənnəmin ən qaranlığında
Dünya zindanından qaçış olsa
Mənim zindanım öz könlümdədir
Qaçışım mümkün ola, ola

Eşqinlə oldum xarabə
Tövhidinlə oldum qiyamə
Dirildim öldüm, öldüm dirildim
Qovuşmaq istərəm Sənə həsrətlə
Nə qaldı məndə qəm
İstəmirəm çatım kədərə
Sevincim acımı unutdu belə
Bir ümman dolu su olsa
Söndürmədi yandım həsrətinlə yenə- yenə...

Bir ayağım dolanır ərzi
Bir ayağım arşınlayır kainatı

Qollarım qovuşur
Qucaqlayır dünyanı
Hirslə hərəkət edən ayaqlarım
Doymaq bilməyən istəklərlə Rəbbə açılan əllərim
Durmadan söyləyən dilim
Səsini eşidən qulaqlarım
Başqası yoxdur artıq.
Qeybdəki bədənim ilə nə diləsəm
Diləklərim maddi ola bilərmi?
Qəlbim ət parçasıdır, əl çəkdim ondan,
Başım Darda
Küllərim küləkdə sovruldu,
Axan qanım Ənə-l Haqq dedi
Dağlarla- daşlarla birlikdə,
Dilədiyim ancaq Sənsən.
Məndəki Sən, Səndəki mən
Kim mənə baxdı Səni gördü
Kim hər yana baxdı Səni gördü
Bir ağac, necə ağac
Allahım, dedi,
Mən Haqqam deyirəm, başqa bir söz deyəmmərəm.
Sənə qovuşmaq üçün Dara çıxdım
Ölümümdədir yaşamım
Yaşamımdadır ölümüm
Sonsuz əbədə qovuşmaqdır məqsədim
vaxtdır gecikməyim.
Zaman qovuşma zamanı
An, Vüsal zamanı
An, başı Vüsala qovuşdurmaq zamanı
An, Tövhid əqidəsini yemək
Cam-i Nardan içmək
Qırmızı əbədə çatmaq
Səkkizə varmaq, Mim olmaq
Artıq O var
Ondan başqası yoxdur.

Elə bir Nur ki
Nurlardan bir Nur
Alovlardan bir Alov
Nə torpaq, nə su, nə yel
Yetmədi daha
Söndürməyə alovu Narı.

Görməz olur gözlərim
Duymaz olur qulağım
Qaranlıqda tək işıq
Aydınladır ürəkləri
Ürəklər tək ürək
Səslər tək səs

Haraya baxsa səni görür
Olmadığın yerdə
İzlərini axtarır bu ürək.
Hər yel əsintisində
Gətirməsə də qoxunu
Yenə də sürünər izinlə
Əl çəksə də eşitməkdən səsini
Qulaqlarım üsyanda
Hara qaçsam
Tapır məni yenə də.
Ya dalğaların coşqusunda sızlayır səsinin həzinliyi
Ya da böcəklərin nəğmələrində
Səssizliyin özü də
Daim xatırladır səni.

Kölgənlə ovunuram mən
Əks etdiklərin bəsdir mənə
Əks-sədalarını gətirir yellər yenə
Yenə də ovunuram mən.
Suyun sərinliyi yetərmi
Yanğınları söndürməyə

Dənizin maviliyi
Örtərmi üstümü?
Əngəl olurmu üşüməyimə?
Bir udum su ilə
Qovuşuram yenə sənə.

Günəşin kölgəsinə sığınıram mən
Ayın işığıyla isinirəm.
Küləklərlə sovruluram
Qoxlayıram torpağı qoxun deyə
Yenə də ovunuram mən.

Minlərlə daş yığsam da qoynuma
Sənin bir gülün yetər ürəyimi dağlamağa
O gülün tikanı dağlayar hal biləni
Parçalara ayrılıp sovrulsa da rüzgara
Hər zərrəni toplamaq
Minlərlə ilə bədəl

Daşıyır Mənsur səni də hər yerə
Toxunduğu hər ağacın qabığına
Qaldırdığı hər daşın altına
Hər çay kənarına
Gömür ürəyini Mənsur
Səni də birlikdə

Ruhun Onun səsiylə əks səda verirkən,
Görüntüsü, beynində
Hər qıvrıma yapışmış, ... buraxmır.
Əriyib yox olur Mənsur
Səsini hər eşitdiyində.

Keçdiyi yerdəki izlərini görən gözlərinmi, yoxsa ürəyinmi?
Qaranlığın ən qaranlıq anında nə qədər aydınladır işığı?
Səsi nə qədər bələdçi olur, yolu yenidən tapmağına?

Eşidə bilirsənmi
Çağırıram səni sonsuzluqdan
Gəl ... gəl artıq.... Al Mənsuru
Dardayam, gəl... gəl artıq al məni.
Büdrədim, yapışacaq nə əlim,
Nə kimsəm var səndən başqa
Bir sən varsan, başqası yox,

Onun ruhunun dərinliklərində
Nə qədər zamanda yox ola bilərsən?
Bu yox oluşu neçə əsr yaşada bilərsən?
Ürəyini torpağa qoyduğunda,
Ruhun dərinliklərində
Var edə bilərsənmi Onu ..... yenidən .... hər dəfə ..
Neçə dəfə gedərsən ardınca,
Kainatı dolanmağın gərəksə də...
Həyatlar boyu aradığının O olduğunu anladığında.

Əl Mənsur dedi;
Hər yerdə səni arayıb axtardı bu ürək
Tapdığı isə özündən başqası deyilmiş
Anladım ki, artıq
Sən − Mən, Mən-Sən olmuş
Sonsuzluqda dolaşan tək bir Ürək imiş.

Qızmar günəşin altında
Su dedi inlədi Həllac Mənsur
Su verəni olmadı,
Hirsləndi nəfsinə, bir damla su üçün
İnlədi deyə..
Səndələdi Həllac Mənsur
Dara gedərkən
Nə əlindən tutan
Nə də bir damla su...
Verəni yoxdu Həllac Mənsur

Başımın tacı
Onun əsl dostu Həllac Mənsur
Əlində cam-i narı
İç qədəh-qədəh Həllac Mənsur
Bədən qəfəsində bülbül
Ötər Eşq deyə
İndi hər yerdə oxuyur
Eşq eşq eşq
Əsir yellər
Mənsur Mənsur
Gətirməsə də geri səni
Bir Eşq şəhidi yatır
Hər zərrədə,
Hər nəfəslik havada
Hər yanan odun alovunda
Hər torpağın qoxusunda
Hər damla yağmurda
Səslənir təbiət
Həllac Mənsur
Həllac Mənsur
O deyil amma Ondan
O O-dur
Başqası yoxdur.

Eşq başqalaşdırır, məni məndən alır, Eşqə uçan başdadır, deyilsə, demək Eşqə uçmamışdır, Eşqə uçmaq üçün qanadları axtarmaq zaman itkisidir, qanadsız uçmaqdır, xarab olan könül bülbülü, nə edər gülü. Eşq deyilmi yağmuru yağdıran, suyu buluda, buludu suya çevirən, Eşqlə torpağa qovuşduran. Toxumların içinə nüfuz edən, özünü göstərən. Torpağın dəli kimi qaynaşması deyilmi qovuşması aşiqlərin. Su torpağa sevdalıdır, günəşin yandırıcı olmasına fikir verməz, Eşqlə çevrilməyə baxmaz, buxarlaşıb göy üzünə çıxsa da bilir təkrar enəcəyi zamanı, səbrlə gözləyər, eşq başqalaşdırar insanı. Əsər yellər, çaxar şimşəklər, ağlayar buludlar, su qovuşar yenə eşqinə, eşqlərin qovuşmasına yoldaşlıq edər bütün kainat. Əriyib tükənər görünməz olar, sən bunu bilərsən, yenə də baxarsan buluda, bax, damla yenə oradadır, deyə.

Bir quş uçur cüt qanadla,
Sevgiliyə çatmaqdır onun dərdi
Qanad çırpır uçur sonsuz uçuşla.
Ona qovuşmaq istəyiylə.
Soruşuram hara uçursan.
Quş deyir, "sevgiliyə"
Sevgili hardadır
Uçuram mən mənasızca,
Onu tapmaq və Ona qovuşmaq
Ona qayıtmaq üçün.
Deyirəm səssizcə "O hər yerdədir, hardasınız"
O hər şeyi eşidir, hər şeyi görür, hər yerdədir məkansızca və
zamansızca.
Məna və anlayışdan kənara çıxıb qanadları qopdu quşun.
Qanadsız qaldı quş, uçammadı və mənalar, formalar dəni-
zinə düşdü, boğuldu.
Çünki O hər yerdədir, hər şeydəydir, məkansızdır, eşidəndir,
görəndir.
Ona uçmaq, Ona qovuşmaq nədir o zaman.
Qovuşmaq, qopmuşduqmu,
Uçmaq, ondan ayrıydıqmı,
Görmək, ondan kənardaydınmı ikilikdəsənmi,
Ondan fərqlisənmi.
Hökm edəcək qədər uzaqdasanmı.

Hər nəfəsdə Hu, hər nəfəsdə Hu, cavab verir çağırışıma, hər nəfəsdə Hu, oradadır, canımdan candadır, canımdan parçadır, cavab verir özünü açığa vurur, bəs niyə üzünü göstərmir, açıq aşkar ortaya çıxmır. Könüldə gizli bir sirr, gizli bir xəzinədir, hər nəfəsdə çıxar, hər nəfəsdə girər, hər Huda gizlidir, amma özünü göstərməz. Surətlərdən arınmış, açığa vurandır gizli olanda. Könülə gedən hər zərrədə, incidir o, nöqtədir, əlifdən nöqtəyə yolçuluqdur. Əlifdir, dünyada könlün nöqtəsidir. Əlifdən nöqtəyə yolçuluqdur, özünü açığa vurandır. Özünü açığa vuran gizlin, hər könüldə sirdir saxlanan. Surətlərdə deyil, hər nəfəsdə eşiyə çıxan və təkrar bədən qəfəsinə geri qayıdan, könül qəfəsində ötən bülbüldür, gül qoxusundan sərxoş olan, xarab olan, qırıq könüllərdədir, özünü açığa vuran."

Könül gözüylə gördüm Rəbbimi
Soruşdum, kimsən Sən, dedi Sən-əm.
Yoxdur sənin üçün "hardasanın"heç yeri,
Zaman və məkan ilə sərhədsiz, sonsuzsan,
Bağlı olduğun heç bir şey yoxdur, şeylərdən uzaq,
Zamandan azad,
Məkansız,
Ağıl aciz qalır,
Görən gözlər kor,
Eşidən qulaqlar kardır qarşında,
Tək varlıq ki, bütün buradakıları əhatə edən, alan, açığa çıxaran, hardadırların cavabı olan heç bir yerdə tapılmayan
O möhtəşəm, kəlimələrin yetmədiyi
Sonsuz dəfə sonsuzluq,
Zaman öncəsi zamansızlıq
Var olma öncəsi heçlik,
Can verən, həyat verən,
Nəfəs verən, yaşamın daimiliyi
Diri və görünəndəki hər zərrə
Sənin olmadığın heç bir yer
Sənin olduğun hər yer
Hardalarla sərhədsiz
Nələrlə əlaqəsiz
Şəkilsiz bütün şəkillər

Anlaşılmayan bütün anlayışlar
Tək Həqiqət və digərləri yalan olan
Gerçəkliyin Gerçəkliyi
Məkanların məkansızlığı,
Ruhların qaynağı
Nurların nuru
İşıqların işıqları
Varolmanın sirri
Əngin Həqiqət dənizinin ümmanı
Tapılmayan nöqtə.
Hər şey Ondandır amma O deyil
Hər şey Onundur amma O deyil
Hər şey Onun əks etməsidir amma O deyil
Həqiqətin həqiqəti amma O deyil
O tək varlıq, görünəndə və görünməyəndə
Tək varlıq, tək sahib, tək ucalıq
Kəlimələrin, ağlın, ruhun anlayışına
Əl çatmayan tək Varlıq
Tapılmayan, tapılmayacaq olan Nöqtə.

"Onun mənliyi, mənim mənliyimin içinə sızdı, mənim mənliyimi ələ keçirdi və mənim mənliyim Onun sonsuzluğu içində yox oldu əridi, zərrələrə ayrıldı və heçləndi. Artıq mənim mənliyim yoxdur, Onun mənliyi var. Məni məndən alalı çox zaman olmadı, o zamandan bəri xarab haldayam, bir an belə məni yalnız qoymadı, mənə sirrini açdı, sirri sirrim oldu, mənə pıçıldadı mənimlə danışdı. İndi sizlərlə, mənim ağzımdan, mənim vasitəmlə danışır. O mənim ürəyimi tutdu, ürəyimdən danışdı, bilgi ilə doldurdu, doğularaq ondan ayrılmağımı və bu yaşa qədər keçən müddətdə ondan ayrı qalmağımı tamamladı və indi artıq mən yoxam, sadəcə O var."

Hansı dəniz dalğasından,
Hansı Dağ qayasından əskidir?
Ümmandan aldığın bir qap su,
Ümmanı azaldarmı?
Ümmana tökdüyün bir bardaq su
Ümmanı çoxaldarmı?
Bir ovuc torpağı alıb fəzaya da sovursan
Nə dəyişər?

Daima Hayy olanda
Heç bir şey azalmır,
Heç bir şey çoxalmır,
Sadəcə çevrilir.
Heç bir şey doğularaq çoxalmır
Ölərək də azalmır.
Doğum və ölüm sadəcə çevrilmədir
Azalma və çoxalma deyildir.
Kainatda heç bir varlıq doğmur və ölmür.
Kainatda azalma və çoxalma yoxdur.
Çoxluq və azlıq sadəcə şüurlarda, hislərdədir.

Heç bir şey digərindən üstün deyilsə
Hər biri öz orbitində gəzirsə
Heç bir zərrə bir-birinə belə dəymirsə
Sahələri toqquşmur, bir-birinə çatmırsa,
Hayy tarazlıqda və nizamdadırsa
Fironlaşmaq niyə?

Kainatta heç bir varlıq
Eyni AN-da
Zamanı və Məkanı paylaşammır.
Onun qatında sadəcə AN varsa
İki varlıqdan söz edilə bilərmi?
Hələ niyə MƏN? Niyə SƏN?
Daima Hayy!

"Ey hər candakı gizli xəzinə, hər xarab könüldəki inci dənəsi, hər qanadsız quşun gizli qanadı. Ey könüllərdəki zahiri, surətlərdəki məna. Ey Haqqım, Ənə-l Haqqım, sənə qovuşmaqdır məqsədim, mənadadır bütüm sirrim, sirrini açığa vuran, özünü bədən qəfəsimdə açığa vuranım. O məni seçdi, digərlərini seçdiyi kimi. Sonsuz qopuşlardakı içdiyim Eşq iksirini, yerdə doğularaq unutdum, o vaxt özünü xatırlatdı, mənim mənliyim Onun mənliyində əridi yox oldu, heçləndi. Onun mənliyi mənim mənliyimi örtdü ələ keçirdi. Bütün bədənim və ruhum Onun mənliyi oldu və bir-biri ilə qaynaşdı, ayrılmayacaq şəkildə. O yenə məndə özünü açığa vurdu, daha öncə də əsl dostlarında özünü açığa vurduğu kimi. Bu dəfə məni seçdi, mənim dilimdən danışdı, mənim bədənimdə açığa vurdu. Qanım axdı Oyam dedi. Çünki bütün dünya Onundur. Bütün kainat Onundur. Ondan ayrıdırmı ki, hər şey. Hər şey O, hər yer Odur. Hər şeyin hökmü Odur. Dağ daş, ova, dərə, ağaclar canlılar Ondandır. Ondan olmayan necə dönə bilər Ona. Ancaq Ona dönməsi üçün Ondan olması gərəkdir. Qanım axdı Oyam dedi, dağ-daş inlədi Oyam dedi. Sular, torpaq, ağaclar, dağlar- daşlar Oyam deyə inlədi. Qanım axdı torpağa, külüm sovruldu yellərə Oyam dedi. Çünki hər şey Onundur, hər şey Ondandır. Ondan olmayan necə dönə bilər yenə Ona. Fərqli olan necə dönər Ona. Ona dönəcəyinə inanmağın üçün Ondan olduğunu qəbul etməlisən."

Heç sənə aid olanın, səndə olmadığını düşündünmü? Sənə aiddir, amma səndə deyil. Sənindir, amma səndə deyil. Baxdın, amma görə bilmədin, əlini uzatdın amma toxunammadın, çağırdın, amma eşitmədin. Hər yerdə axtardın, amma tapammadın.

Sənin olanın yoxluğu, atəş kimi yandırdımı səni.
Öncə alovlandı, yandırdı qovurdu bütün bədənini.
Yanan bir qora döndü, qor alovu dağladı bütün ürəyini.

Soyudu, soyudu da bəmbəyaz bir alova çevrildi.
Bəyaz alovun yandırıcılığı,
Qor atəşdən də betər dağlarmış insanı.
İndi anladınmı necə yanarmış insan.
Özündə olmayanın yoxluğunu,
Hiss etdiyi hər an.

Eşqdə sual yoxdur.
Soruşarsan "Harada?" deyə, ondan ayrısanmı?
Soruşarsan "necə?", ondan fərqlisənmi?
Soruşarsan "niyə?", ondan kənardasanmı?
Soruşarsan "nə üçün", hökm edəcək qədər aralısanmı?
Soruşarsan "kim", görəcək qədər ikilikdəsənmi?
Bütün olduğunla, bir olduğuna hansı sualı verə bilərsən.
Sual varsa, Eşqdə deyilsən.

Mənа ondanmı çıxdı,
Yoxsa
O-mu mənadan.
Təməlindən yıxıldı
Adı mənа olan,
Hesabların ötəsində
Vədlərin sonrasında
Dağların təpələrin, gözün gördüyü "şeylərin" o üzündə
Zata ən yaxın üç yay uzaqlığında
Ona ən yaxın iki yay uzaqlığında
Və daha da yaxın
Eyn məsafəsi qədər uzaqmı yaxın
Gördüyü nə idi
Onu təkrar gördü- Rəbbi idi
Baxışları bir an tərəddüd etmədi
Heç yönünü dəyişdirmədi, nə sağa, nə sola
Qəlbi, könlü və dillə söyləməsi birdir
Gördüyünü yalanlamadı
Yalan da danışmadı

Ən yaxın haldan ən uzaq hala
Ən uzaq haldan, ən yaxın hala
Qorxusu ehtiramdı
Ehtiramdan qorxu doluydu
Zahiri məni deyildi danışan
Arzuları deyildi axan
Sadəcə nurun nuruydu özünü açığa vuran
Gerçəyin gerçəyi, əsil olan
Şəkillərdən uzaq, məkansız və zamansız
O Odur, Nurun Nurudur, gerçəkliyin gerçəyidir
Gördü o Onu
Eyn və Beyn yaxınlığından
Nə gözü yayındı
Nə həddi aşdı
Olmalı olduğu yerdə
Tam oradaydı
Zahir və Batin sadəcə Onundur
Bütün Kainat və yaradılmışlar
Təsbeh edər Onu
Varlıqları və var olmaları ilə
Səcdə edərlər Ona
Yalnız Ona.
Ondan başqa olmayan
Hər şeyi bilən, eşidən, görən
Göz, qulaq, idrak və anlamaq
Məkansız nöqtə
Zamansız nöqtə
Sonsuzluğu, heçliyində nöqtə
Onun rəhbəri o
Sübut edici, Kainatın əfəndisi
İnsanın əfəndisi
İnsanın şanlısı
İnsanın ucalığı
Onun qəlbi açıldı, arındı, təmizləndi
Qalxdı buludlar, endi bərəkət

Kainatın sirri axdı Nurundan
Keçdi "şey"lərin o üzünə
Varlıqların qeyd olanı
Lövhənin də o üzünə
Şəkillərin formasızlığı
Formalardan da o yana
Orada nə dil vardır, nə də forma
Nə anlayış vardır, nə də düşüncə
Orada sadəcə
Çevrilmə vardır
çatılan son mərhələ
Son mərhələnin başlanğıcı
Sonun başlanğıcı
Son və başlanğıçdır
Bitməyən sonsuz dövrənin
Sonu və başlanğıcı
Özün özüdür O
Mələkut aləmi
Ermişlər və Ölmədən çatanlar
Yayılar sonsuz dairələr
Ən kənar çəpərdə insanlar
Çoxluq aləmi
Çırpınıb durar insan nöqtəni axtarmaqdan
Xarab və halsız qalar
Əl çəkər, mat qalar, acizdir
Yorular, yorğun düşər
Məşəqqətli yolun hər bir addımı
Nöqtəyə yaxınlaşmaqdır məqsəd
Məqsəd hər mənzildə unudulur
Unudular və sərxoş olar
Sərxoş olar da könül bülbülü
Nə də gülün qoxusundan
Mis kimi qoxar sirr baxçasında
Açıq aşkar yaxınlaşar
Yanılar da sanar Ənəsini

Gerçəkliyin Məni,
Ovunar dalar Doğruluq dənizinə
Qanad axtarar uçmaq üçün göyə
Qanadları kürəyindədir lakin
Yorular uçammaz, taqətsizcə
Yıxılar qalar qan-tər içində
Heçliklə çatılan mimlə
Çağırışı eşidər düşər boğular
Doğruluq dənizində
Anlayışları keçər bir-bir
Çatar Onun ipinə
Çağrışı alır ürəyində
İşığı görər, meyl edər irəliyə
çatar bidayətə
Sirrin sirrinə vaqif olar ki,
Hər baş başlanğıc
Son deyildir.
Aradığı nöqtə isə
Ürəyindəki ənginlikdə
Açılar yayılar
Açığa vurana yönələr
Artıq Ondandır amma
Haşa, O deyildir.
Ondandır amma
Haşa, O deyildir.
Həqiqət gerçəyidir, amma
Həqiqətin özü deyildir.
Həqiqətdəndir amma
Həqiqət deyildir.
Mən mənəm
Kainat kainatdır
Adəm Adəmdir
O, Odur.

"Ölüm yoxdur, çevrilmə vardır. Mən öldüyümdə çevriləcəm. Bədənim torpağa qarışar, böcəklərə yem olar. Böcəkləri heyvanlar yeyər, ya da bitkilərə gübrə olar. O heyvanları, bitkiləri insanlar yeyər və mən yenə hər insanda bədən olar, təkrar dirilərəm. Bədən ölməz, toprak olar, insan torpaqdan bəslənər, yağmur da torpaqdan axar. Heç bir şey ölməz, hər şey çevrilər. Heç bir şey yox olmaz, hər şey çevrilər. Daim diri olan ölərmi? Ona görə də mənim ölümümdə yaşam, yaşamımda ölüm vardır. Yaşayarkən öldüm, öldüm və dirildim. Çevrilməmlə təkrar həyat qazandım. Bir bədəndən yüz bədən, yüz bədəndən yenə bir bədən olur. Min can bir can, bir can min cana çevrilir. Çünki bütün insanların yaradılışı bir canın yaradılmağı kimidir. Minlərlə ruh yoxdur, minlərlə can yoxdur, tək bir can vardır, tək bir ruh vardır və sadəcə O vardır. Hər şey O dur, Ondan əks edir və təkrar ana qaynağına geri qayıdır.

Heç bir varlıq vədlə hərəkət etməz. Ortada vədləri ləğv etdiyində əsl Ona iman edən ilə etməyən ayrılır. Bütün vədlər Ona çatmaq üçün nərdivanın pillələri kimidir. O pillələri çıxaraq Ona çatacağını zənn edər. Lakin varlığın çatmaq istədiyi, sadəcə cənnət qapısıdır. Cənnət üçün Onu sevmək, Ona inanmaqdır məqsəd. Amma O ilə nəfs arasında heç bir əngəl yoxdur. O nəfsin hər pıçıldadığını eşidər və bilər. Onun hər şeydən xəbəri vardır. O bütün nəfsləri duyar və Can damarından yaxındır. O zaman cənnət və huri ilə vədlər heç bir varlığı Ona çatdırmaz. Çünki cənnət də, cəhənnəm də insandadır, nəfsdədir, ürəyində və könlündədir. Ondan ayrı qalmaq cəhənnəmi, Onunla olmaq cənnətidir.

Haqqa qovuşmaq cənnətim, Haqdan ayrı düşməksə cəhənnəmimdir, biləsən ki, qızmar atəşlərdəyəm, mükafatları neyləyim, hər iki cahanda da EŞQədir həsrətim."

Elə sirlər var ki, axtararsan durmadan ömrün boyunca.
Göstərdiyin səy və hünərə görə tapdığını zənn edərsən.

Nə zaman ki, əl çəkərsən dalarsan dünya işlərinə.
Bax, o zaman o axtardığın sirlər bir-birinin ardınca sənə
gələr.

İnsanlar buna möcüzə deyərlər, sən isə gizlərsən ürəyində.
Nə axtardığını bilənə bir çiçəyin axşam vaxtı örtünüb
Sabah günəşi ilə yarpaqlarını geniş açılışı belə yetər.

Nə zaman ki, kölgən əl çəkmişdir arxanda olmaqdan,
Günəş ola bildiyi ən yüksək nöqtədədir,
Sirrin sirr olmadığını anladığın Vaxt
Bax, olmalı olduğun ən yaxşı haldasan.

İnsan "nə" axtardığını bilər, amma "harada" axtarmaqdan
heç bezməz. Mütləq, "hardadırların" içində deyildir. O, Odur,
başqası yoxdur.

Mən Onun sevgisi üzrəyəm, mən Onun varlığı üzrəyəm,
mən Onun yaradılmışlığı üzrəyəm. Ənə Hüvəyəm. Mən O-yam,
Onun məndəki əks etməsiyəm. O mən olaraq əks etdi və zahirdə
görünən oldu. Doğruluq libasıyla bədən qəfəsinə həbs oldu. Quş
oldu könül sirrində Eşq oxudu. Gülün qoxusundan xarab oldu
və gülün tikanı ilə yaralanıb qanı axdı. Qan torpağa damladı və
torpaq oldu. Quşun ölü bədəni torpağa düşdü və çevrildi. Lakin
quşun ruhu qanadsız uçdu, Həqiqət quşuna qovuşdu. Ən uyğun
olanı qanadsız uçmaq və Həqiqət Quşuna qovuşmaqdır.

İstər idim həqiqəti, tapdım isə nə oldu
Ağlar idim günbəgün, güldüm isə nə oldu
Bir parladım gördüm bütün aləmi
Qaynağıma döndüm isə nə oldu
Həqiqət bilgisi açıldı ruhuma

Yırtıldısa pərdələri, nə oldu
Verdim bir baş, aldım camı
İksir dolu bardağı içdim isə nə oldu
Bədən qəfəsimdə ötən bülbül
Ənə-l Haqq dedi günbəgün
Axdı qan söylədi Mənsur
Yaradıcı həqiqətəm dedi isə nə oldu
Əsdi rüzgar, camı canandan
Qabardı çayın suları axdı isə nə oldu
Duruldu günbəgün mən taqətsiz qaldım
Yenə xarab oldum, qovuşdumsa nə oldu
Həqiqət gerçəyim deyərəm
Dildən dilə keçib gəldi
Ruhdan ruha axanları
Duymazlarsa nə oldu.

Ən böyük qürur, O olduğumuzu zənn etmək,
O olmaq başqa, Ondan olmaq başqa.
O Odur, Adəm Adəm, Ruh da Ruhdur.
Hər bir yaradılmış, mükəmməl Öz-mahiyyətdəndir, amma
əsla O deyildir.
Bütündür, Birdir, ancaq əsla eyni, iç-içə, yapışıq deyildir.
O, eyniliyi sevməz, bütünlük və təklik, müxtəliflikdədir.
Haram olana, qadağan olana əl uzadarkən də lovğalanıb
özünü tay tutmamışdımı Ona insan.
Bax, insan olmaq özəlliyini orada itirməmişdimi?
Ondan olduğunu unutmuş, O olduğunu zənn etmişdi.
Qadağan olana maraq duymamışdımı?
Kimi "dinləmişdi" o ərəfədə,
Ondan olduğunu unudaraq,
Çünki "dinlədiyi" də "palçıqdan birinə səcdə etmərəm, sənlə
mənim fərqim nədir?" deməmişdimi?
Bax, "dinlədiyi" tərəfindən sınanır.
Nə zaman "dinlədiyini" eşitməyəcək
Gerçək iman odu o zaman yanacaq.

Gerçək insan, bəşərlikdən qurtulacaq.
O olduğunu deyil, Ondan olduğunu xatırlayacaq.
Açanlara qovuşmadıqca,
Kainat böyüklüyündə bir nöqtə olaraq qalacaq.
Amma xatırlayacaq,
Kainat gücündə bir zərrə nöqtəcik.
Nöqtənin içindədir, nöqtə onun içində.
Həm kainatın içində, həm kainat onun içində.
Ondandır, amma O deyil.

O hər yerə nüfuz edən hər zərrənin sonsuzluqdakı bütünlüyüdür. Mütləq, nüfuz edər hər bir fırça zərbəsindən kətana axan damla boyaya, həm də bütün damlaların bütünləşərək ortaya çıxardığı qüsursuz bir şah əsər tabloya nüfuz edər.

İşığın olmadığı yerdə kölgələr,
Kölgənin olmadığı yerdə günəşlər olarmı?
Günəşin olmadığı yerdə insanlar,
İnsanın olmadığı yerdə cənnət olarmı?
Cənnətin olmadığı yerdə odlar,
Odlarda körpülər üzərində ayaq izləri
Tapdanmış torpağın olmadığı uzaq yerlərdə
Çağlayan çaylar olarmı?
Ruhların olmadığı yerdə yaşam,
yaşamın olmadığı yerdə zaman olarmı?
Zamanın durduğu yerdə Sən,
Sənin olmadığın tək röyam olarmı?

Bir kürə içərisində balaca bir nöqtə. Bir nöqtə ki, görünməyəndə aləmlər onun içində. Bir nöqtə ki, görünəndə Aləmlərin içində. Görünəndə Aləmlərə həyat verir, görünməyəndə aləmlər ona. Eyni kainatın qəlb atışı kimi. Nəfəs alan kainat kimi, ulduzların göz qırpan işığı kimi.

Görünəndə hər şeyə baxır, duyur, anlayammır, parçaları bir-ləşdirir bir-bir, qoyduğu izləri təqib edir dəlillərin ardınca.

Görünməyəndə hər şeyi görür, eşidir və bilgisi, nöqtənin hər yerində mövcuddur.

Görünənlə görünməyən arasında nəbz atır Nöqtə. Hər KA'yıbda Nöqtə təkrar doğulur, təkrar edir, dövrəsini tamamlayır və görünəndə təkrar həyat qazanır, hər dəfə təkrar görünməyən-də həyat verir. Hər dövrədə həyat verən, amma xatırlayan, hər dövrədə həyat qazanan, amma unudan. An məsafəsində, görün-məyəndə həyat verən Nöqtə, görünəndə həyat qazanan KA'yıb Nöqtələrin sonsuz böyüklükdəki bədəni içində təkrar doğuşlar dövrəsində.

Görünəndə dev bir bədən içində KA'yıb nöqtə, görün-məyəndə isə Tək bir nöqtə.

Bir var olur, bir yox olur. Görünəndə çoxluqda, birlikdə, var-lıqda, məhdudluqda, görünməyəndə yoxluqda, heçlikdə, son-suzluqda vücud.

O Odur.
Və başqa heç bir şeydir.
O vardır, başqa heç bir şey yoxdur.
Onun üçün var demək belə mənasızdır. O Odur, başqası yoxdur.
O zahirdir və Batindir.
O hər şeyi duyan və görəndir.
O hər şeyi biləndir.
O yer üzünün və göylərin sahibidir.
Onun kürsüsü yeri və göyü tutar.
O əzəldir və əbəddir.
O baş və sondur.
O görünən və görünməyən hər şeyi içinə alar.
O bütün mövcudluqdur.
O ruhların və bədənlərin yaradıcısıdır.

O vardır, başqa yoxdur.
O hər zərrədədir, Əhəddir.
O bütün mövcudluqdur Vahiddir.
Ondan ötə hər şey yoxdur, O hər şeydir Sübhandır.
Odur, Əzəl, başlanğıç, Özün cövhərdəki nöqtəsi.
əks etməsi seçilmişlər və Ondan olan mələkilər,
əksetməsi seçilmişlər nurların nurları,
əksetməsi nurlar Aləmi,
əksetməsi görünməyən Aləm,
əksetməsi görünən aləm əbəd.
İnsan O deyildir.
O insan olaraq açığa vurar enerjisini
Seçilmişlərdə
Əsl dostlarında
Sonsuz qopuşlardakı
İçirdiyi Eşq sehiri ilə
Açığa vurar özünü
Məxluq Məxluqdur
İnsan İnsandır
Bəşər Bəşərdir
İnsan O deyildir
O insan olaraq açığa vurandır

I
Soruşdum; "Əfəndim bu "nədir"?"
Cavab verdi yenə o gülən səsi ilə "Ölümünə sevmək nədir bilirsənmi? Bax, belə sevməkdir. Ölümünə sevmək."

II
Soruşdum; "Əfəndim "necə"?"
Cavab verdi "qulaqların varsa bütün gücünlə eşit, gözlərin varsa olanınla gör, ayaqlarınla gəz, əllərini Haq və xeyir üçün işlət. Bütün düşüncənlə iman et, könlün ilə danış, fikrini, könlünü bir tut. Yoxsa, onlar səni yox edər, kölə edərlər."

III

Soruşdum "Əfəndim. "Kim"?"

Cavab verdi "Axtarırsansa ikilikdəsən. Kainatda iki varlıq olammaz. Sən və mən olammaz. Tək O vardır. O, Odur. Hər şey Ondandır. Ondan olmaq doğulmaq deyildir, ayrılmadan qopuşdur, qopmadan müxtəliflikdir, çoxalmadan görünən çoxluqdur. Bir danışan yoxdur, danışma ancaq vurma ilə mümkündür. Əks edəcək bir cismani yoxdur ki, səs eşitməsin. Səs daima səninlədir, səndədir. Var gücünlə eşit və xatırla! Nə gediləcək, nə də varılacaq bir yer yoxdur, yer yoxdur, məkan ancaq gördüyündür, aldadıcıdır. Bütün gücünlə gör və xatırla!

IV

Bizə hiç bir şey enmir, verilmir, qopmur, gəlmir, uzanmır. Birbaşa biz çəkirik, xatırlayırıq, açırıq. "Açan" anlayışlara və idraklara qovuşmamız və "Açan"larımızın bol olması diləyi ilə. Bir "sən" olduğu müddətcə "mən", bir "siz" olduğu müddətcə "biz" və "O" olacaqdır.

V

Doğrusunu kim bilir? O bilir…

Kövsər Yaşıldaşı tanıyaq

Türkiyəli yazar Kövsər Yaşıldaş mistisizmi, ezoterizmi, ilahi eşqi tərənnüm edən əsərlərin müəllifidir.

Onun maraqla qarşılanan kitabları əsrlərdən bəri nəsildən-nəsilə ötürülən əbədi bir missiyanı davam etdirərək, bugünün Kvant fizikasının köməyi ilə qədim gizli elmi, ilahi sirləri açıqlayır.

Kövsər Yaşıldaş 1971-ci il mayın 12-də İzmirdə doğulub. 28 il özəl sektorda Qrafik tasarım və rəng ayırma işində çalışıb. Ən son Uluslararası Flekso Tesisləri Basqı Ambalaj sektorunda idarəetmə vəzifəsini yerinə yetirib və elə oradan da təqaüdə çıxıb. "İndiqo" dərgisində yazıları yayımlanır, müxtəlif qəzetlərə köşə yazıları yazır.

2010-cu ildən kitab yazır. Əsərləri elmi-kütləvi, təsəvvüf ədəbiyyatı, fantastik hekayə, türk romanı və uşaq-gənclər üçün hekayə kitabları kateqoriyasına daxildir.

Kövsər Yaşıldaş deyir:

Gizli öyrətilərin kökü on minlərlə il öncəyə gedən bir bilgi alma və bilgi ötürmə sisteminə bağlıdır. Bu sistem sufizmin önəmli təməl daşlarından biridir. Ariflər sufizmin içində, özünəməxsus bir üslubla, Batıni öyrətinin (gizli öyrətilər) sirlərinin nəsildən-nəslə ötürülməsi kimi önəmli bir missiya həyata keçiriblər. Gizli öyrətilərdə, sirlərin, demək olar, heç biri açıq şəkildə bəyan olunmayıb, amma bu bilgilər incə şəkildə sözlərin içinə gizlədilib. Bu sözlərlə qarşılaşanlar çox vaxt böyük çaşqınlıq içində qalırlar. O sözləri anlamağa çalışanlar o sözlərin içində gizlənən əsl mətləblərlə üz-üzə gəliblər. O mətləbləri anlamağa cəhd etməyənlər neçə-neçə arifi dindən kənar olmaqda, dindən çıxmaqda günahlandırıblar.

Gizli öyrətiləri anlaya bilmək üçün əvvəlcə onun bir çox sahələrini öyrənmək gərəkdir. Ariflərin tək bir sözündə belə üstüörtülü şəkildə çox dərin batıni sirlər verilib. Tək bir sözün içində dinlərlə bağlı çox önəmli bilgilər gizlənir. Gizli öyrətilərə aid sözlərin dərinliklərinə enməklə, dinlərin, əslində nə olduğunu indikindən çox fərqli bir şəkildə anlamaq olar. Bu gün dinlər hələ də kütləyə batıni yönləriylə deyil, zahiri görüntüsü ilə öyrədilməkdə davam edir. Məlumatı olmayan insanlar bu sözlərin anlamını qavraya bilməzlər. Bu cümlələrin anlamını ancaq açıq şüurlu insan anlaya və uyğun şəkildə başqasına ötürə bilər. Bu elmlər xalqa simvollaşdırılaraq və üstü qapalı anladılır. Bax, bu üstü qapalı və simvollaşdırılaraq ötürülən bilgilər gizli öyrətilər adlanır.

Gizli elm aramaqla bulunmaz, istəməklə əldə edilməz, kitablardan öyrənilə bilməz. Kitablar gizli öyrətilər haqqında yalnız səthi bilgilər verə, oxuyanlara bir yol və ya bir işarət göstərə bilir. Gizli elmləri idrak etməsi, qavraması üçün insanın haqq edişi və üstün qabiliyyəti olması çox önəmlidir.

Bu, "haqq ediş", "haqq etmək" ilə bağlı deyil. Bunlar fərqli anlamdadır. Haqq ediş ilahi bir qanundır, insanın həyatlar, dövrlər boyu əldə etdiyi sonsuz təcrübələrin öz-qavram (əsas anlayış) halına gəlməsi və bu özü - mahiyyəti yaşamına tətbiq etməsidir. Gizli elimlər, sadəcə kitabi bir bilgi deyil, haqq ediş və ləyaqət içində olan insanın yaşam şəklidir. İnsanın bu haqqediş ilə həyatının hansı zaman kəsimində qarşılaşacağı, bunu yaşam tərzinə çevirəcəyi bilinməz. Buna görə də "aramaq", "gözləmək", "arayış" daim davam edəcək.

Mən gizli elmi nə əldə etdim, nə də öyrəndim. Mən kitabları yazmıram, bunlar mənim bu həyatımda, bu həyatımın bu zaman kəsimində, haqqediş içində olduğum, ləyaqətinə vardığım bir durumdur. Mən bu durumu yazıya alıram və yazıları kitablaşdırıram.

Kitablarda yazdığım hər sətir dərin hissiyatımın, iç dünyamın, fərqli ölçülərdəki yolçuluqlarımın məhsuludur. Bəhs etdiyim hər vəli özünün sonsuz qaynağından bir işıq şüası kimi axaraq dərin iç dünyamı doldurub. Bu simvolik bilgiləri bir röyalar kanalı, ilham kanalı ilə, başa düşüləcək şəklə salıb kitablaşdırmışam. Mən təsəvvüf bilgiləri bazası olmayan insanam. Peşəm qrafika sənətidir, elmi düşünən, hər şeyə elmi yanaşan düşüncə tərzim var. Lakin ilham gəldiyi zaman o dünyasal Kövsərdən əsər-əlamət qalmır, başqa bir Kövsər ortaya çıxır. Bəhs etdiyim hər vəlinin hər birinin ayrı səsi, ayrı qoxusu, ayrı üslubu, ayrı tərzi var. Mən hər bir hissedişi olduğu kimi kitablara ötürürəm.

Kitablarını yazdığım hər bir vəliyə, məqamlara doğru yolçuluqlar etdim, müşahidələr apardım və onları bir-bir kitablara ötürdüm. Oralarda sualların birmənalı şəkildə yox olduğunu gördüm. Tam bir Eşq içindəsənsə, demək sualın yoxdur. Mən müşahidə edən bir insanam. Yəni gözləmçi-müşahidəçiyəm. Bunu mənə bəxş etdiyi üçün də uca Rəbbimə hər an şükür edirəm.

Hər kəsə sonsuz təşəkkür edirəm, işinin avand olmasını diləyirəm.

İstifadə olunan qaynaqlar

- Quran-i Kərim Məalı Prof. Dr. Hüseyin Əlmalılı
- The Tawasin of Mansur Al-Hallaj 1974
- Hallac-ı Mansur və Eseri Prof.Dr. Y.Nuri Öztürk 1997
- Louis Massignon and Herbert W. Mason, Hallaj: Mystic and Martyr 1994) Həllac-ı Mənsurun Çiləsi İslâm'ın Mistik Şəhidi
- Kvant Fizikası və Fəlsəfəsi, Kövsər Yaşildaş, 2017 Demos Yayınları
- Təvasin: Həllac Mənsur Ənəl - Haqq: Mən Tanrıyam Yaşar Günenç
- Həllac Mənsur Mənakıbnaməsi, Dr. Mustafa Tatcı 2008
- Prof Dr. Carl Sagan Kozmos Evrənin və Yaşamın Sirləri Çev: Rşeit Aşçıoğlu -1982
- Albert Eynsteyn İzafilik Nəzəriyyəsi, (Relativity The Special and General Theory 1996 Çev.: Gülen Aktaş
- Ibn 'Ərəbi, The Enlightened are not bound by religion, 2017, Kevser Yesiltash, Bookcity.co
- Tövhid Sirləri, Mövlana Öğretisini Kavramak, 2017, Kevser Yeşiltaş, Bookcity.co

www.ingramcontent.com/pod-product-compliance
Lightning Source LLC
Chambersburg PA
CBHW060239050426
42448CB00009B/1518